유비쿼터스
100세 인생 행복학

이정완 지음

Ubiquitous

유비쿼터스
100세 인생
행복학

100-Year-Life Happiness

이 책은 단순한 가이드가 아니라, 여러분과 함께 행복을 찾아가는 무한한
여정의 동반자입니다. 이 책은 여러분과 함께 성장하며, 삶을 더 깊이 이해
하고, 더 풍요롭게 만들어 나가는 것을 목표로 합니다.
_프롤로그 중에서

좋은땅

‖ 목차 ‖

제2부. 100세 인생 행복한 소비의 미학

프롤로그

여러분은 혹시 지금까지의 삶을 돌아보며, 얼마나 많은 순간들이 행복했는지 생각해 보았을까요? 행복이란 때로는 작은 순간들의 모음이고, 때로는 큰 용기와 도전의 결실일 수 있습니다. 이 책은 그 모든 순간들을 존중하고, 더 많은 행복을 찾는 데 도움을 주기 위해 만들어졌습니다. 여러분이 이 책을 펼치는 순간, 그 안에는 희망의 씨앗이 심어져 있습니다. 우리는 함께 이 책을 통해 삶의 깊은 곳에서 흘러나오는 행복의 향기를 찾아갈 것입니다. 우리는 각자의 삶을 살아가면서 가끔은 길을 잃기도 하고, 어떤 순간에는 힘들기도 합니다. 하지만 그 힘들고 어려운 순간들도 우리의 성장과 배움의 기회일 뿐입니다. 《유비쿼터스 100세 인생 행복학》은 그런 순간들을 더 큰 행복으로 향해 나아가는 계기로 만들어진 책입니다. 바쁜 일상에서, 지친 마음에서 벗어나 한 걸음 물러나 이 책을 통해 삶에 대한 고민을 나누어 보고 싶습니다. 이 책은 단순한 가이드가 아니라, 여러분과 함께 행복을 찾아가는 무한한 여정의 동반자입니다. 이 책은 여러분과 함께 성장하며, 삶을 더 깊이 이해하고, 더 풍요롭게 만들어 나가는 것을 목표로 합니다.

여러분은 지금까지의 삶에 만족하고 계신가요? 혹은 더 나은 미래를 꿈꾸고 계신가요? 어떤 상황에서든, 우리는 더 행복하게 살고 싶어 합니다. 이 책은 그 당찬 소망을 가지고 여러분과 함께 떠나는 여행의 시작입니다. 우리의 여행은 이 책에서 시작하지만, 그 끝은 100세의 인생을 행복으로 가득 채우는 것입니다. 《유비쿼터스 100세 인생 행복학》은 이 여정에서 여러분에게 조언자가 되어 주고, 마치 가장 좋아하는 친구처럼 함께 있을 것입니다. 우리의 인생은 어떤 색채나 문장보다도 아름다워질 수 있는 여러 가지 향기로 가득 차 있습니다. 하지만 그 향기는 종종 지나치게 빠르게 지나가 버리곤 합니다. 우리는 자주 그 향기에 대한 감사함을 느끼지 못하고, 현재의 감각에 너무나 급격하게 몰두하여 행복의 순간을 놓치곤 합니다. 이 책은 이러한 순간들을 더 크게 깨닫고, 그 향기를 더 오래 느끼며, 더 행복하게 살기 위한 여정의 안내서입니다. 이 책을 통해 여러분은 행복에 대한 새로운 시각을 얻을 뿐만 아니라, 자신과의 대화를 통해 더 나은 삶을 위한 계획을 세우게 될 것입니다. 이 책은 여러분에게 희망의 씨앗을 심어 주고, 그 씨앗이 꽃으로 피어날 수 있도록 도와줄 것입니다.

《유비쿼터스 100세 인생 행복학》은 제1부에서는 '인생의 향기를 100세까지'라는 모토로, 100세 인생을 살아가면서 세월이 흐르는 데도 끊임없이 매일매일 행복한 순간들을 만들어 내는 비밀을 파헤쳐 독자들에게 희망과 긍정의 메시지를 선사합니다. 마음속에서, 일상에서, 세월 속에서, 자기 계발 속에서, 경제적 현실에서, 사회적 관계 속에서 찾는 행복 등 다양한 시각에서 바라본 내용들이 풍부하게 담겨 있어 독자들은 여러 관점에서 행복에 대한 깊은 통찰을 얻을 수 있을 것입니다. 제2부에서는 '건전하고 절제된 윤리적 소비는 경제 성장과 사회 발전 그리고 개인의 행복 증진을 위한 미덕이다'라는 모토로, 100세 인생을 살아가면서 극단적인 절약보다는 소득의 상당 부분을 경제적 약자들과 사회적 약자들을 위해 건강하고 스마트한 소비를 실천함으로써 지속 가능한 사회를 만들어 내는 비밀을 파헤쳐 독자들에게 소비에 대한 미학을 희망과 긍정의 메시지로 전하고 있습니다.

《유비쿼터스 100세 인생 행복학》은 여러분에게 새로운 꿈을 심어 주고, 삶의 꽃을 향기롭게 피우도록 도와줄 것입니다. 이 책을 통해 여러분은 자신의 삶을 더욱 의미 있게 만들고, 행복을 극대화하는 여정에 동참할 것입니다. 이 책을 읽는 동안 여러분은 인생의 여러 측면에서 행복에 대한 새로운 통찰을 얻을 것입니다. 행복은 마치 작은 불빛처럼 시작되지만, 그 광채는 우리를 100년 동안 따라다니게 될 것입니다. 이제 여러분은 이 책의 페이지를 열어, 향기로운 여행을 시작할 준비가 되었습니다. 이 책을 통해 함께 여행하는 동안, 인생의 꽃향기로 가득한 길 위에서 새로운 행복을 발견하게 될 것입니다. 여기서 우리는 서로에게 감사하며, 행복한 순간들을 나누며, 더 큰 꿈을 꾸며 나아갈 것입니다. 이 책이 여러분의 삶에 미소를 더하고, 행복의 향기로 가득한 100세의 여정을 만들어 갈 수 있기를 기대합니다.

제1부

100세 인생
유비쿼터스 행복학

Ubiquitous 100-Year-Life Happiness

제1장

마음속에서 찾는 행복

제1절. 감정과 행복

마음의 감정은 우리 삶을 빛나게 하거나 어둡게 만들 수 있는 힘줄입니다. 이 절에서는 "감정과 행복"에 대해 다루고자 하며, 마음의 감정이 어떻게 우리의 행복에 영향을 미치는지, 긍정적인 시각으로 그 영향력을 탐구하고자 합니다.

제1항. 감정의 다양성

가. 감정의 복잡성

우리의 감정은 복잡하고 다양합니다. 기쁨, 슬픔, 분노, 놀라움, 두려움 등 다양한 감정이 우리의 마음을 지배합니다. 이러한 감정의 다양성은 우리 삶에 깊이와 풍요로움을 더해 주지만, 동시에 행복과 그림자가 함께하는 복잡한 현실을 만들어 냅니다.

나. 감정의 순환과 영향력

감정은 우리의 삶을 순환하는 흐름이기도 합니다. 기쁨의 순간이 오면 슬픔의 순간도 뒤따릅니다. 이러한 감정의 변화는 우리의 행동과 선택에 큰 영향을 미치며, 이는 우리의 행복을 결정하는 중요한 요소 중 하나입니다.

다. 행복과 긍정적인 감정

행복은 종종 긍정적인 감정과 연관되어 있습니다. 기쁨, 만족, 사랑 등은 우리에게 행복한 감정을 제공하며, 이러한 긍정적인 감정이 누적되면 행복한 삶을 살아갈 수 있습니다.

라. 도전과 부정적 감정의 역할

하지만, 행복은 항상 긍정적인 감정만으로 이루어지는 것은 아닙니다. 도전과 어려움 속에서 우리는 슬픔, 분노, 두려움과 같은 부정적인 감정을 경험합니다. 이러한 감정들은 우리에게 도전에 대한 대비책을 마련하고, 성장과 교훈을 주는 역할을 합니다.

제2항. 감정의 인식과 조절

가. 감정의 인식과 표현

감정을 인식하고 표현하는 것은 행복을 찾는 첫걸음입니다. 우리 자신의 감정을 인식하고 이를 표현함으로써, 우리는 감정에 대한 이해를 높이고, 자신과 주변과의 관계를 개선할 수 있습니다.

나. 감정의 조절과 안정성

감정의 조절은 우리가 행복한 삶을 살아가는 데 핵심적인 역할을 합니다. 감정의 조절은 곧 마음의 안정성을 의미하며, 이는 어떤 상황에서도 균형을 유지하고 긍정적인 태도를 유지할 수 있는 능력을 의미합니다.

다. 감정의 힘과 의지

감정은 우리의 힘과 의지에 영향을 미칩니다. 긍정적인 감정은 우리를 새로운 도전에 나아가게 하며, 부정적인 감정은 도전에 대한 대비책을 세우게 합니다. 이러한 감정의 힘은 우리의 삶에 활력을 불어넣어 주며, 행복한 마음으로 여정을 나아가게 만듭니다.

라. 감정의 주변과의 연결

감정은 우리를 주변과 연결시키는 다리 역할도 합니다. 우리의 감정을 공유하고 이해하는 것은 우리 주변의 인간관계를 강화시켜 주며, 이는 행복한 마음을 공유하고 나누는 데 큰 역할을 합니다.

감정은 우리 삶의 색채이자, 행복의 원천입니다. 다양한 감정을 이해하고 조절하며, 긍정적인 마음으로 도전과 어려움을 이겨 내는 것은 우리가 행복한 삶을 살아가기 위한 필수적인 과정입니다. 감정의 다양성과 힘을 인식하며, 긍정적인 마음으로 나아가는 여정은 우리의 100세 인생 행복학에 있어 중요한 과제 중 하나입니다.

제2절. 마음의 평화와 행복

이 세상에서 진정한 행복을 찾기 위해서는 우리의 마음 깊은 곳에서 출발해야 하며, 특히 마음의 평화와 행복은 서로 깊은 유기적 연관성을 가집니다. 이번 절에서는 마음의 평화와 행복이 어떻게 조화를 이루며 우리 삶에 긍정적인 힘을 불어넣는지를 살펴보겠습니다.

제1항. 마음의 평화

가. 마음의 평화

마음의 평화는 내적 안정의 근간입니다. 삶은 예측 불가능한 변화와 도전으로 가득합니다. 그러나 마음의 평화를 유지하는 것은 마치 안정된 터전 위에 서 있는 것과 같습니다. 내면의 소란과 갈등을 조절하고, 마음을 고요하게 가다듬음으로써 우리는 외부의 변화에 더욱 강인하게 대처할 수 있습니다. 이는 마치 평화로운 호수에 비친 맑은 하늘과 같이 우리의 삶에 빛을 더해 줍니다.

나. 행복의 기원

행복은 마음의 평화에서 비롯됩니다. 내면에서의 조화와 안정이 행복의 토양을 제공하며, 행복한 순간들이 마음의 평화를 깊게 뿌리내리게 합니다. 이는 마음의 깊은 곳에서 찾아 나가야만 하는 것입니다. 우리는 행복을 단기적인 외부의 충동이나 소비에서 찾지 않아야 하며, 오히려 마음의 깊은 곳에서 출발하여 행복을 경험하게 됩니다.

다. 마음의 평화와 행복의 조화

마음의 평화와 행복은 마치 불가분의 관계처럼 함께 어우러져 있습니다. 이 둘은 서로를 보완하면서 우리의 삶을 더 풍요롭게 만듭니다. 마음이 평화로워야만 행복을 실제로 체험할 수 있으며, 행복한 순간들이 마음에 더 깊은 평화를 안겨 줍니다. 이는 마치 끊임없는 흐름과 같은 것으로, 우리가 행복을 추구하면서 마음의 평화를 동시에 얻게 되는 것입니다.

제2항. 마음의 평화와 행복의 상관관계

가. 명상과 내면 탐험의 중요성

마음의 평화를 찾기 위해서는 명상과 내면 탐험이 큰 역할을 합니다. 명상은 마음을 집중시키고 평화롭게 가다듬는 과정으로, 이는 행복을 더욱 증진시키는 효과를 가져옵니다. 내면 탐험을 통해 자아의 깊은 곳에서 나오는 감정과 생각을 이해하고 조절할 수 있습니다. 이는 마치 마음의 근원에서 나오는 물결을 조절하는 것과 같습니다.

나. 스트레스와 마음의 평화

현대 사회에서는 스트레스가 피할 수 없는 현실이 되었습니다. 그런 상황에서 마음의 평화를 유지하는 것은 더욱 중요합니다. 스트레스에 휩쓸리지 않고 마음을 지키는 것은 행복을 유지하는 데 핵심적입니다. 여러 가지 도전과 압박이 닥쳐오더라도 마음의 평화를 잃지 않는 자세가 필요합니다. 마음의 안정을 유지하면서 어떤 어려움에도 대처할 수 있는 자신감을 얻을 수 있습니다.

다. 감사와 나눔의 힘

마음의 평화와 행복은 감사와 나눔의 행위를 통해 더욱 확고하게 됩니다. 감사는 우리의 삶에서 긍정적인 측면을 발견하고 이를 깊게 인지하는 것입니다. 나눔은 우리의 삶을 다른 이들과 공유하면서 더 큰 가치를 창출하는 것입니다. 이는 마음의 평화를 더욱 깊게 즐기게 해 주는 중요한 요소입니다.

마음의 깊은 곳에서 찾아 나가는 행복은 우리가 진정한 만족과 성취감을 느끼게 해 주는 여정이며, 이 여정에서 우리는 더 높은 차원의 행복을 발견할 수 있을 것입니다. 마음의 평화와 행복이 조화를 이루는 과정에서 우리는 삶의 깊은 의미를 발견하게 되고, 그것이 우리에게 지속적인 행복을 안겨 줄 것입니다.

제3절. 스트레스 관리와 행복

인생은 끊임없는 도전과 변화의 연속입니다. 그런 도전들은 때로는 우리에게 스트레스를 안겨 주곤 합니다. 하지만 이러한 스트레스를 어떻게 관리하느냐에 따라 우리의 삶이 어떻게 전개될지가 결정되곤 합니다. 이번 절에서는 스트레스와 행복 간의 밀접한 관계를 살펴보고, 스트레스 관리가 어떻게 행복으로 이끄는 길에 중요한 역할을 하는지를 탐구하겠습니다.

제1항. 스트레스와 행복의 상관관계

가. 스트레스의 정의와 원인

스트레스는 간단하게 정의하면 어떤 상황에 대한 대응으로 나타나는 불안과 긴장의 감정입니다. 이것은 각자의 상황과 성향에 따라 다르게 경험되며, 업무에서의 압박, 대인관계의 어려움, 건강 문제 등 다양한 원인으로 나타날 수 있습니다. 이러한 다양한 스트레스 원인들은 때로는 우리를 괴롭히고 힘들게 만들지만, 이를 어떻게 관리하느냐에 따라 그 영향력은 크게 달라집니다.

나. 스트레스와 행복의 관계

스트레스는 현대 사회에서 피할 수 없는 현상입니다. 업무의 압박, 가족 문제, 건강 상태 등 각자의 삶에서 나타나는 다양한 스트레스는 불안과 긴장을 초래하며, 우리가 직면한 도전에 대한 대응으로 정의됩니다. 그러나 이러한 스트레스는 우리의 삶을 단순히 복잡하게 만드는 것이 아니라, 우리 자신의 내면과 외면에 깊은 영향을 미치는 중요한 변수 중 하나입니다.

다. 스트레스와 건강의 관계

스트레스는 우리의 신체에도 직접적인 영향을 미칩니다. 특히 만성적인 스트레스는 우리의 면역체계를 약화시키고, 다양한 질병의 원인이 될 수 있습니다. 건강한 삶을 추구하는 데 있어서, 스트레스 관리는 그저 선택사항이 아니라 필수적인 요소 중 하나입니다. 스트레스가 적절하게 관리되지 않으면 우리의 건강은 물론 일상생활에 지장이 생길 수 있습니다.

제2항. 스트레스 관리 전략

가. 스트레스 관리의 필요성

스트레스는 피할 수 없는 것이지만, 그것을 관리하는 것은 가능합니다. 스트레스 관리는 우리의 건강을 유지하고, 정서적인 안정감을 높이며, 행복한 인생을 살기 위한 필수적인 과정입니다. 효과적인 스트레스 관리는 우리의 일상에서 발생하는 각종 도전에 대처하는 데 있어서 중요한 역할을 합니다. 이는 단순히 스트레스를 피하는 것이 아니라, 그것을 긍정적으로 인식하고 효과적으로 다루는 것을 의미합니다.

나. 스트레스 관리의 전략

스트레스 관리에는 다양한 전략들이 존재합니다. 첫째, 명상과 깊은 숨을 통해 심신의 평화를 찾는 것이 중요합니다. 이는 간단한 것처럼 보일 수 있지만, 정신적으로 안정된 상태를 유지하는 데에는 큰 힘을 발휘합니다. 둘째, 문제에 대한 긍정적인 사고를 유지하고, 해결책을 찾는 능력을 키우는 것이 스트레스를 효과적으로 관리하는 방법 중 하나입니다. 어떤 어려움에 직면하더라도 긍정적인 마음가짐을 유지하면 그 상황에 대한 대처 능력이 크게 향상될 것입니다.

다. 휴식과 여가의 중요성

스트레스 관리에는 휴식과 여가가 큰 역할을 합니다. 일상의 분주한 일정에서 벗어나 즐거운 시간을 가지는 것은 마음을 치유하고, 스트레스를 풀어 주는 효과가 있습니다. 휴식은 우리의 정신과 신체가 다시 에너지를 충전하고, 다음 도전에 대비할 수 있도록 도와줍니다. 여가의 중요성은 우리가 바쁜 삶에서 잊어버릴 수 있는 부분 중 하나입니다.

스트레스는 우리의 삶에서 불가피한 부분이지만, 그것을 효과적으로 관리하는 것은 우리의 행복을 높이는 핵심 중 하나입니다. 스트레스 관리는 우리의 건강을 지키는 것뿐만 아니라, 행복한 인생을 살기 위한 필수적인 요소 중 하나입니다. 효과적인 스트레스 관리는 우리의 내면에 평화와 안정을 찾게 하며, 이것이 우리가 100세의 인생을 행복하게 사는 데에 기여할 것입니다. 스트레스를 이해하고, 효과적으로 관리하면서 우리는 더 풍요로운 삶을 살아갈 수 있을 것입니다. 삶의 각 순간을 긍정적으로 받아들이고, 스트레스를 통해 더 나은 자신을 발견하며, 이를 통해 행복한 여정을 걸어가길 바랍니다.

제4절. 정신적 건강과 행복

인생의 여정에서 우리는 늘 도전에 부딪히고, 때로는 많은 압박 속에서 삶을 살아가게 됩니다. 이러한 도전과 압박 속에서 우리의 정신적 건강은 특히 중요한 역할을 하게 됩니다. 이 절에서는 정신적 건강이 우리의 행복과 어떤 연관성을 가지며, 어떻게 하면 정신적 건강을 향상시키고, 따라서 더 나은 행복을 찾아갈 수 있는지에 대해 탐구해 보고자 합니다.

제1항. 정신적 건강과 행복의 상관관계

가. 정신적 건강의 중요성

정신적 건강은 우리의 일상에서 큰 영향을 끼칩니다. 좋은 정신적 건강을 유지하는 것은 어려움에 대처하는 우리의 능력을 향상시키고, 긍정적으로 성장하는 데 기여합니다. 반면, 정신적인 문제들은 우리의 행복을 방해하고, 삶의 질을 저하시킬 수 있습니다. 따라서 정신적 건강은 우리가 행복을 추구하고, 의미 있는 삶을 살아가기 위한 필수적인 조건 중 하나로 꼽을 수 있습니다.

나. 정신적 건강과 행복의 결합

우리의 삶에서 행복을 찾아가기 위해서는 우리의 정신적 건강이 핵심적인 역할을 합니다. 정신적 건강은 단순히 정신적인 질환을 피하는 것 이상으로, 강인한 정신력과 긍정적인 마음가짐을 의미합니다. 이 두 가지는 우리가 삶의 어려움에 대응하고, 긍정적으로 성장하며, 삶을 더욱 풍요롭게 만들 수 있도록 돕는 핵심적인 자산입니다.

다. 스트레스와 정신적 건강

스트레스는 정신적 건강에 부정적인 영향을 미칠 수 있는 주요한 요인 중 하나입니다. 일상의 다양한 압박과 어려움은 우리의 정신적 균형을 뒤흔들고, 불안과 피로를 초래할 수 있습니다. 따라서 스트레스 관리는 우리의 정신적 건강을 유지하는 데에 있어서 중요한 전략 중 하나입니다. 스트레스를 효과적으로 관리하면서 우리는 더욱 안정된 정신적 상태에서 삶을 즐길 수 있습니다.

제2항. 정신적 건강 관리 전략

가. 긍정적인 마인드셋

긍정적인 마인드셋은 정신적 건강과 행복을 결합시키는 핵심적인 도구 중 하나입니다. 우리의 생각과 태도는 우리의 감정과 행동을 크게 좌우합니다. 긍정적인 마인드셋은 어려운 상황에서도 긍정적인 측면을 찾아내고, 더 나은 해결책을 모색하는 데에 도움을 줍니다. 이는 우리의 삶을 풍요롭게 만들고, 행복을 찾아가는 데에 중요한 역할을 합니다.

나. 정신적인 안정

정신적인 안정은 우리가 행복을 경험하는 데에 중요한 역할을 합니다. 정신적인 안정은 우리의 내면에서 찾아지며, 강한 정신력을 유지하는 데에 도움이 됩니다. 어려움에 부딪혔을 때도 우리는 더욱 강인하게 대처할 수 있고, 일상적인 삶에서도 풍요로운 경험을 쌓을 수 있게 됩니다.

다. 자기 존중감과 자기 존경

자기 존중감과 자기 존경은 정신적 건강을 유지하는 데에 핵심적인 역할을 합니다. 자신을 인정하고 소중히 여기는 것은 우리의 삶에 긍정적인 영향을 미치며, 타인과의 관계를 개선하는 데 도움이 됩니다. 이러한 자세는 우리의 삶을 더욱 풍요롭게 만들어 주며, 자기 자신과 타인에 대한 이해를 높여 줍니다.

정신적 건강은 우리의 행복과 삶의 질을 결정하는 핵심적인 요소 중 하나입니다. 안정된 정신적 상태와 긍정적인 마인드셋은 어려움에 대처하고, 삶을 더욱 풍요롭게 만들 수 있도록 도와줍니다. 정신적 건강을 향상시키는 것은 우리의 내면에서부터 시작되며, 이는 우리의 외부 환경과도 깊게 연관되어 있습니다. 정신적 건강은 우리의 모든 측면에 영향을 미치며, 이를 향상시킴으로써 우리는 더욱 풍요로운 삶을 살아갈 수 있을 것입니다. 행복한 삶은 정신적인 안정과 긍정적인 마인드셋을 기반으로 하며, 이를 통해 우리는 100세의 인생을 더욱 풍성하게 만들어 나갈 것입니다.

제5절. 자기 인식과 자기 수용에서 찾는 행복

우리의 삶은 각기 다른 도전에 직면하며, 그러한 도전에 대처하는 방식은 우리의 내면에서 비롯된 자기 인식과 자기 수용에 근거합니다. 이번 절에서는 자기 인식과 자기 수용이 어떻게 우리의 행복과 조화로운 삶을 만들어 가는 데에 핵심적인 역할을 하는지, 그리고 이를 향상시키기 위한 방법에 대해 살펴보고자 합니다.

제1항. 자기 인식과 자기 수용

가. 자기 인식의 기원과 중요성

우리의 자기 인식은 삶의 다양한 경험과 상호 작용에서 기인합니다. 어린 시절의 경험부터 성인으로 성장하며 겪는 다양한 상황들은 우리에게 자신을 바라보는 방식을 형성합니다. 이러한 자기 인식이 어떻게 우리의 행복과 삶의 방향을 결정하는지를 이해하는 것은 중요합니다. 긍정적이고 현실적인 자기 인식은 자아의 안정성과 행복을 이루어 가는 데에 있어서 핵심적인 역할을 합니다.

나. 자기 수용의 개념과 필요성

자기 수용은 자기 인식과 함께 떼려야 뗄 수 없는 요소입니다. 자기 수용은 우리 자신을 인정하고 받아들이는 것을 의미합니다. 불완전하고 결점이 있는 존재임을 인정하고 이를 포용하는 것이 중요합니다. 자기 수용을 통해 우리는 자아에 대한 인식을 높이고, 그 안에서 성장하고 발전할 수 있습니다.

제2항. 자기 인식과 자기 수용 촉진 전략

가. 부정적인 자기 인식의 영향과 극복

가끔은 부정적인 자기 인식이 우리의 삶을 어둡게 만들기도 합니다. 자책과 비판, 과도한 자부심 등은 우리를 무기력하게 만들고 행복에서 멀어지게 합니다. 이러한 부정적인 자기 인식에 직면했을 때는 극복하는 데에 주저하지 말아야 합니다. 실수와 부족함을 받아들이는 것이 어려울 수 있지만, 이를 극복하고 긍정적인 자기 인식으로 나아가는 것이 중요합니다.

나. 자기 수용의 어려움과 극복 전략

그러나 자기 수용은 쉽지 않은 일입니다. 완벽한 이미지를 갖기를 원하는 우리의 본능과 부딪히기 때문입니다. 그러나 이 어려움을 극복하고 자기 수용을 향상시키는 것은 우리의 행복과 성장을 위한 중요한 과정입니다. 자기 수용을 통해 우리는 불완전함 속에서도 행복을 찾을 수 있게 되며, 그것이 우리의 삶을 더욱 의미 있게 만듭니다.

다. 긍정적인 자기 대화의 중요성

자기 인식과 자기 수용을 향상시키기 위한 한 가지 효과적인 방법은 긍정적인 자기 대화를 유지하는 것입니다. 종종 우리는 부정적인 말투로 자신을 비판하거나 명령하는 경향이 있습니다. 그러나 긍정적인 자기 대화를 유지하면 우리는 자신에게 격려를 주고, 긍정적인 태도를 유지할 수 있습니다. 이는 자기 인식과 자기 수용을 향상시키는 데에 큰 도움이 됩니다.

라. 자기 인식과 타인과의 관계

자기 인식은 우리가 타인과 어떻게 상호 작용하고 소통하는지에도 큰 영향을 미칩니다. 자기를 이해하고 수용하는 능력은 타인과의 관계에서 상호 이해와 소통을 높이는 데에 기여합니다. 또한 긍정적인 자기 인식은 다른 사람들과의 관계에서도 긍정적인 영향을 미칠 것입니다. 자기를 소중히 여기면서 타인도 그렇게 여길 가능성이 높아지기 때문입니다.

자기 인식과 자기 수용은 우리의 행복을 결정짓는 핵심적인 도구입니다. 긍정적인 자기 인식과 자기 수용은 우리가 자아의 안정성과 행복을 이루어 가는 데에 큰 역할을 합니다. 부정적인 자기 인식과 자기 수용의 장애물을 극복하면서 우리는 자기 발견의 여정에서 더욱 깊이 자아를 이해하고, 그 안에서 행복을 찾아갈 수 있을 것입니다. 자기를 수용하고 사랑하는 것은 우리의 삶을 더욱 풍요롭게 만들며, 이는 우리가 100세의 인생을 더욱 의미 있게 살아갈 수 있도록 이끌어 줄 것입니다.

제6절. 긍정적인 마인드셋과 행복

삶은 우리에게 다양한 시험과 도전을 던집니다. 그리고 이러한 도전에 대한 대응은 우리의 마음가짐에 크게 의존합니다. 이번 절에서는 긍정적인 마인드셋이 우리의 삶에 미치는 긍정적인 영향과 행복을 찾는 데에 어떤 역할을 하는지를 살펴보고자 합니다.

제1항. 긍정적인 마인드셋

가. 긍정적인 마인드셋의 중요성

긍정적인 마인드셋은 어디서 비롯될까요? 이는 단순히 주변 상황을 어떻게 해석하고 이해하는지에 달려 있습니다. 동일한 상황이라도 긍정적인 시각으로 접근하면 긍정적인 마인드셋이 형성되고, 이는 결과적으로 삶이 더욱 풍요로워지게 만듭니다.

나. 긍정적인 마인드셋과 행복의 연관성

긍정적인 마인드셋은 행복과 깊은 상관관계를 갖고 있습니다. 긍정적으로 생각하고 세상을 보게 되면 우리는 주변의 긍정적인 측면을 발견하게 되고, 이를 통해 삶의 기쁨과 만족을 경험하게 됩니다. 긍정적인 마인드셋을 유지하는 것은 어려운 상황에서도 긍정적인 해결책을 찾는 데 도움을 주어 행복을 유지할 수 있습니다.

제2항. 긍정적인 마인드셋 촉진 전략

가. 긍정적인 마인드셋의 실천 방법

긍정적인 마인드셋을 갖추기 위해서는 몇 가지 실천 방법이 있습니다. 첫째, 감사의식을 가지고 일상 속에서 긍정적인 측면에 주목하는 것이 중요합니다. 둘째, 실패를 긍정적인 경험으로 바라보며 성장의 기회로 받아들이는 자세를 가지는 것도 중요합니다. 마지막으로, 자주 긍정적인 자기 대화를 유지하여 자신에게 자신감과 희망을 주는 것이 효과적입니다.

나. 긍정적 마인드셋과 타인과의 관계

긍정적인 마인드셋은 우리와 주변 사람들 간의 관계에도 긍정적인 영향을 미칩니다. 긍정적으로 타인을 바라보면 우리는 상호 존중과 이해를 높일 수 있으며, 이는 건강하고 풍요로운 대인 관계를 형성하는 데에 기여합니다.

다. 긍정적인 마인드셋과 스트레스 관리

긍정적인 마인드셋은 스트레스 관리에도 도움을 줍니다. 어려운 상황에서도 긍정적으로 생각하면 우리의 정서적인 안정성을 유지하고, 스트레스를 덜 경험할 수 있습니다. 긍정적인 마인드셋은 어려움을 도전으로 인식하고 이를 극복하며 성장하는 데에 기여합니다.

긍정적인 마인드셋은 우리의 삶에 밝고 풍요로운 색채를 더해 줍니다. 어떤 도전이나 어려움도 긍정적인 마인드셋을 가지고 바라보면 그 안에는 항상 성장과 기회가 숨어 있습니다. 긍정적인 마인드셋을 기르고 실천함으로써, 우리는 100세의 행복한 인생을 이룰 수 있을 것입니다. 긍정적인 마인드셋은 우리의 인생을 풍요롭게 만들고, 그 흐름 속에서 행복을 찾아 나갈 수 있는 열쇠입니다.

제2장

일상에서 찾는 행복

제1절. 건강한 식습관과 운동의 중요성

인간의 삶은 건강한 식습관과 꾸준한 운동이라는 두 축을 중심으로 균형을 이루고 있습니다. 특히, 100세 인생을 향한 여정에서 이러한 건전한 습관은 우리의 삶을 풍요롭게 만들고, 긍정적인 영향을 미치며 행복을 찾을 수 있는 기반을 제공합니다. 이번 절에서는 "건전한 습관과 행복: 건강한 식습관과 운동의 중요성"에 대해 논하고, 이 두 가지 요소가 우리 삶에 어떤 긍정적인 변화를 가져다주며 행복에 어떻게 기여하는지 탐구하고자 합니다.

제1항. 건강한 식습관

가. 건강한 식습관의 중요성

건강한 식습관은 몸과 마음을 채우는 데 필수적입니다. 영양소의 균형 잡힌 섭취는 우리의 전반적인 건강에 긍정적인 영향을 미치며, 행복을 찾아가는 길을 열어 줍니다.

나. 다양한 영양소의 중요성

다양한 영양소를 균형 있게 섭취하는 것은 우리 몸의 각 기능을 올바르게 유지하고 강화하는 데 도움이 됩니다. 단백질, 탄수화물, 지방, 미네랄, 비타민 등이 적절한 비율로 공급되면, 우리의 면역 체계는 강화되고, 에너지 레벨은 안정화되어 행복한 삶을 살 수 있도록 지원합니다.

다. 식습관과 정서적인 연결

식습관은 우리의 정서적인 상태와도 깊은 관련이 있습니다. 건강한 음식을 채택하고 규칙적인 식사를 유지하면 신체적인 건강뿐만 아니라 정신적인 안정감을 얻을 수 있습니다. 특히, 신경전달물질인 세로토닌과 같은 뇌 화학 물질은 올바른 식습관을 통해 안정화되어 우리의 기분과 감정을 조절하는 데 도움이 됩니다.

제2항. 운동의 중요성

가. 신체적인 건강 향상

운동은 심폐 기능을 강화하고 근육을 유지, 강화하는 데 도움이 됩니다. 이로 인해 우리의 신체적인 건강은 향상되어 일상적인 활동에서 더 큰 활력을 느낄 수 있게 됩니다. 신체적인 활동은 혈압과 혈당 조절에도 긍정적인 영향을 미치며, 이는 우리가 행복하게 느끼는 일상을 지원합니다.

나. 정신적인 안정과 스트레스 해소

운동은 우리의 정신적인 안정과 스트레스 해소에 효과적입니다. 운동을 통해 분비되는 엔도르핀은 행복감을 증진시키고 스트레스를 해소하는 데 도움이 됩니다. 또한, 규칙적인 운동은 우리의 수면 패턴을 개선하고, 이는 정신적인 안정을 더욱 촉진합니다.

제3항. 건강한 식습관과 운동의 상호 작용

가. 에너지의 증가와 긍정적인 마음 상태

건강한 식습관을 유지하고 꾸준한 운동을 실천하면 에너지 수준이 증가하고, 이는 긍정적인 마음 상태를 유지하는 데 도움이 됩니다. 신체적인 활동은 우리를 더 신체적으로 활기찬 삶으로 이끌어 주며, 이는 자연스럽게 행복한 삶을 창출하는 데 이바지합니다.

나. 자기 존중감과 긍정적인 자아 이미지

건강한 식습관과 운동은 자기 존중감을 증진시키고 긍정적인 자아 이미지를 형성하는 데 도움이 됩니다. 몸에 대한 책임감과 돌보기는 우리가 자신을 소중히 여기게 만들어 주며, 이는 우리의 내적 행복과 조화를 촉진합니다.

건강한 식습관과 꾸준한 운동은 우리의 삶에 행복과 만족을 안겨 줍니다. 올바른 영양소 섭취는 우리의 몸과 마음을 지탱하며, 꾸준한 운동은 우리를 활기찬 삶으로 이끌어 줍니다. 이러한 습관들은 서로 긍정적으로 상호 작용하여 우리의 삶을 풍요롭고 행복하게 만들어 주며, 100세 인생을 향한 건강하고 행복한 여정을 열어 갑니다. 건강한 습관을 실천하고,

몸과 마음을 챙기며 삶의 여러 측면에서 행복을 찾아 나가는 것이 우리에게 더 나은 인생을 선사할 것입니다.

제2절. 일상 속 작은 행복 찾기

우리의 인생은 일상에서 시작되고 또한 거기에서 완성됩니다. 그러나 때로는 일상이 단조로워 보이거나 흔해져 무시되는 경우가 있습니다. 이 절에서는 우리가 일상의 소중함을 인식하고, 그 안에서 작은 행복을 찾아가는 과정이 어떻게 우리의 삶을 더 풍요롭게 만들고 긍정적인 영향을 미치는지 살펴보고자 합니다.

제1항. 일상의 소중함

가. 일상에서 찾는 안정감

일상에서 찾는 안정감은 마치 작은 섬처럼 우리를 감싸고 있습니다. 바쁜 일상 속에서도 우리는 안정된 루틴과 일상의 예측 가능성 속에서 안전한 보금자리를 찾을 수 있습니다. 이러한 안정은 우리의 정서적 안정을 돕고, 심지어 신체적 건강에도 긍정적인 영향을 끼칩니다. 정형화된 일상은 우리를 지치게 하지 않으면서도, 스트레스에 대한 효과적인 대처를 가능케 합니다.

나. 일상에서 찾는 소중한 인간관계

일상은 소중한 인간관계의 배경이기도 합니다. 가족, 친구, 동료들과의 일상적인 소통은 우리에게 감동과 따뜻함을 선사합니다. 작은 대화와 공유된 순간들은 우리의 삶을 풍성하게 만들어 주고, 행복을 두 배로 느끼게 합니다. 일상적인 소통은 우리를 연결시키며, 우리의 인간관계를 더욱 강화하는 역할을 합니다.

제2항. 일상 속 작은 행복 찾기

가. 자연 속에서의 소소한 행복

자연 속에서의 경험은 일상 속에서 큰 감동을 선사합니다. 아침 햇살 속에서 깨어나는 순간, 창문 너머로 바라보는 나무의 싹들, 심지어 비 오는 날의 상쾌한 느낌까지도 일상은 자연의 아름다움을 통해 우리에게 놀라움을 선사합니다. 작은 자연의 순간들은 우리에게 큰 위안을 주고, 우리의 일상을 아름답게 만들어 줍니다.

나. 작은 성취를 통한 소소한 행복

작은 성취가 큰 행복을 만듭니다. 흔하지만 중요한 업무에서 나오는 성취감은 우리에게 자신감을 심어 주고, 목표를 향해 나아가는 동기 부여가 됩니다. 작은 성취들은 우리의 일상을 특별하게 만들어 주며, 우리의 성장과 발전에 이바지합니다.

다. 여가 생활을 통한 소소한 행복

여가 생활을 통한 작은 즐거움들은 우리의 일상에 특별한 빛깔을 더해 줍니다. 음악을 듣는 것, 책을 마치는 것, 소소한 취미를 즐기는 것 등은 우리가 감사하게 여기는 작은 즐거움들입니다. 이러한 작은 즐거움들은 특별한 순간이 아니더라도 우리의 일상에 행복의 색을 더해 줍니다.

제3항. 작은 행복의 긍정적인 영향

가. 스트레스 완화

작은 행복은 스트레스를 완화시켜 줍니다. 바쁜 일상 속에서도 작은 행복들을 찾아 즐기면, 우리의 마음에 여유가 생깁니다. 이는 스트레스를 감소시키고 긍정적인 마음을 유지하는 데 큰 도움을 줍니다. 작은 행복을 찾아 삶을 즐기면서 우리는 일상적인 도전에 대처하는 능력을 키우게 됩니다.

나. 인간관계 유대감 강화

작은 행복은 우리의 관계를 강화시켜 줍니다. 함께 나누는 작은 즐거움들은 가족, 친구, 동료들과의 유대감을 높이는 데 일조합니다. 이는 우리의 사회적 연결성을 강화하고, 삶의 의미를 찾아가는 데 도움을 줍니다. 작은 행복을 함께 공유하면서 우리는 서로에게 더욱 가까워지고, 튼튼한 인간관계를 구축할 수 있습니다.

다. 창의성 제고

작은 행복은 우리를 창의적으로 만듭니다. 행복한 마음은 우리의 창의성을 높이는 데 큰 역할을 합니다. 행복한 상태에서 우리는 새로운 아이디어와 창의적인 생각을 쉽게 떠올릴 수 있습니다. 따라서, 작은 행복을 즐기면서 우리는 삶을 더욱 풍요롭게 만들고, 창의적인 아이디어를 발전시켜 나갈 수 있습니다.

일상의 소중함과 작은 행복의 중요성은 우리가 삶을 보다 의미 있게 살아갈 수 있도록 도와줍니다. 작은 행복은 우리의 일상을 빛나게 만들어 주며, 그 속에서 찾는 의미는 우리의 인생을 더욱 풍요롭게 만듭니다. 따라서 우리는 일상을 소중히 여기고, 그 안에서 작은 행복을 찾아가는 데 주목해야 합니다. 또한, 작은 행복을 나누면서 우리는 인간관계를 강화하고, 서로에게 더욱 풍성한 경험을 선사할 수 있습니다. 작은 행복을 즐기고 나누면서, 우리는 각자의 일상을 더욱 특별하게 만들어 나갈 수 있을 것입니다. 작은 행복을 의식적으로 찾아가면서, 우리의 삶을 더욱 풍요롭고 의미 있는 것으로 만들어 나가기를 기대합니다.

제3절. 소소한 일상의 특별한 행복

우리는 종종 행복을 큰 순간들에서만 찾는 경향이 있습니다. 그러나 우리의 삶은 소소한 순간들이 쌓여서 더 큰 행복으로 이어지곤 합니다. 이 절에서는 "소소한 일상의 특별한 행복"이라는 주제를 통해, 우리가 흔히 소홀히 여기는 순간들이 어떻게 우리의 삶에 의미를 부여하고, 특별한 행복으로 이어지는지에 대해 살펴보겠습니다.

제1항. 소소한 순간들의 특별함

가. 모닝커피 타임

아침의 첫 커피 한 모금은 단순한 행위로 느껴질 수 있지만, 그 순간은 매일 반복되면서 우리에게 새로운 시작의 기쁨을 선사합니다. 커피의 향기와 함께하는 조용한 시간은 우리의 마음을 평화롭게 만들어 주고, 하루를 긍정적으로 시작할 수 있도록 도와줍니다.

나. 아침 산책

아침 산책 중 마주하는 작은 꽃 한 송이나 나뭇잎 하나도 우리에게 큰 기쁨을 주곤 합니다. 자연의 아름다움에 감사하게 되면 우리의 마음도 풍요로워지며, 작은 행복이 우리에게 소중한 순간들을 제공합니다.

제2항. 소소한 행복의 원천

가. 주변 환경의 중요성

주위 환경에 주의를 기울이는 것은 소소한 행복을 찾아가는 첫 단계입니다. 우리는 일상 속에서 무심코 지나치는 것들 중에서도, 자연의 소리, 사람들의 미소, 작은 동물들의 활동 등에 주목한다면 그 순간들은 특별한 의미를 얻게 됩니다. 주의 깊게 살펴보고 느끼는 능력은 소소한 행복을 찾아내는 데 있어 중요한 역할을 합니다.

나. 일상을 감사함

감사의 마음을 키우는 것은 또 다른 중요한 원천입니다. 소소한 행복은 우리가 주변에 감사하게 여기는 마음에서 비롯됩니다. 작은 것들에도 감사함을 느끼면 그 순간들은 큰 행복으로 이어지게 됩니다. 감사의 마음을 가지고 소소한 순간들을 즐긴다면, 우리의 삶은 더욱 풍성하고 의미 있게 느껴질 것입니다.

제3항. 작은 행복이 가져다주는 긍정적인 변화

가. 마음의 안정감 향상

소소한 행복은 우리의 마음을 안정시켜 줍니다. 작은 순간들에서 나오는 행복은 스트레스와 불안을 줄여 주며, 마음을 평온하게 만듭니다. 우리가 소소한 행복을 찾고 즐기면서, 일상의 고단함과 피로에 대항하는 능력을 키울 수 있습니다.

나. 인간관계 유대감 강화

작은 행복은 우리의 인간관계를 강화시켜 줍니다. 소소한 순간들을 함께 나누는 것은 가족, 친구, 동료들과의 관계를 더욱 튼튼하게 만듭니다. 작은 행복을 나누는 경험은 서로에게 더 가까워지게 하며, 상호 간의 이해와 공감을 증진시킵니다.

다. 긍정적 마인드

소소한 행복은 우리의 태도와 시각을 바꿔 줍니다. 우리의 시각이 긍정적으로 바뀌면, 일상이 더 즐거워 보이고 우리는 더 큰 목표를 향해 나아갈 수 있게 됩니다. 긍정적인 태도는 어려움에 대처하는 데 도움을 주며, 우리의 삶에 긍정적인 변화를 가져다줍니다.

소소한 일상의 특별한 행복은 우리의 삶에 깊은 의미를 부여합니다. 작은 순간들이 큰 행복으로 이어질 수 있음을 알게 되면, 우리는 보다 깊이 일상의 소중함을 느끼게 됩니다. 소소한 행복을 찾아가며, 감사의 마음을 키우며, 작은 순간들을 즐기면서, 우리의 삶을 더욱 풍요롭게 만들어 나갈 수 있을 것입니다. 소소한 행복이 우리의 삶을 빛나게 만들며, 우리 주변의 작은 세계를 풍성하게 만들어 나가기를 기대합니다.

제4절. 감사의 실천과 행복

이 절에서는 감사의 실천을 통해 우리가 이미 갖고 있는 것들에 얼마나 풍요로움과 행복을 발견할 수 있는지, 그리고 작은 감사의 순간이 어떻게 우리의 일상을 더 풍요롭게 만들고, 행복을 찾아가는 길을 여는지를 탐구해 보겠습니다.

제1항. 감사의 중요성

가. 작은 것에 감사함

우리는 종종 큰 성과나 특별한 순간에서만 감사함을 느끼는 것으로 착각합니다. 그러나 감사의 실천은 작은 순간에서부터 시작됩니다. 간단한 일상의 순간에서 감사함을 느끼면, 우리의 삶은 어떤 작은 일에도 감사함을 표현할 수 있는 민첩성을 찾게 됩니다. 작은 것에도 감사하는 눈을 가지면 우리의 삶은 풍요로움으로 가득 차게 됩니다.

나. 감사의 미소와 긍정적 에너지

감사의 미소는 우리 자신과 주변 사람들에게 긍정적인 에너지를 전달합니다. 감사의 미소는 마음을 가라앉게 하며, 긍정적인 마음으로 우리의 에너지를 채워 줍니다. 이 긍정적인 에너지는 우리 주변 환경에도 영향을 미치고, 긍정적인 피드백 루프를 형성합니다.

제2항. 감사의 실천과 행복의 연결

가. 일상 속의 감사의 순간

우리는 자주 주변의 아름다움과 풍요로움에 눈을 뜨지 못하는 경향이 있습니다. 감사의 실천은 우리가 흔히 놓치는 일상의 순간들에서부터 시작됩니다. 하루의 끝에, 간단한 일기를 쓰거나 마음속으로 "오늘 감사한 순간은 무엇인가?"를 돌아보는 것은 작은 감사의 순간을 발견하는 첫걸음입니다.

나. 감사의 행위와 인간관계 강화

감사의 실천은 우리의 인간관계를 더욱 깊게 만들어 줍니다. 우리는 종종 당연시 여기는 가까운 사람들에게 감사의 말과 행동을 전하는 것이 얼마나 중요한지를 간과합니다. 작은 감사의 표현은 상호 간에 더 많은 이해와 소통을 가져오며, 우리의 관계를 더욱 튼튼하게 만듭니다.

다. 자기 감사와 내적 행복

자기 감사는 우리 자신에 대한 긍정적인 인식을 키우는 데 도움을 줍니다. 우리는 자주 우리 자신에게 지나치게 엄격하게 대하고, 부족한 부분에만 초점을 맞추는 경향이 있습니다. 감사의 실천은 우리가 가진 능력과 성취를 높이게 하며, 내적 행복과 만족을 증진시킵니다.

제3항. 감사의 실천이 주는 긍정적 영향

가. 스트레스 감소와 정서적 안정감

감사의 실천은 스트레스를 감소시키고 정서적 안정감을 제공합니다. 일상의 간단한 것에 감사함을 느끼면, 우리는 일상의 어려움에 더 적극적으로 대처할 수 있게 되며, 긍정적인 마음을 유지할 수 있습니다.

나. 긍정적인 관점과 창의성 증진

감사의 실천은 우리의 사고방식을 긍정적으로 변화시키고 창의성을 증진시킵니다. 문제에 직면했을 때, 감사의 시선을 통해 문제를 바라보면 더 다양하고 창의적인 해결책을 찾을 수 있습니다. 긍정적인 마음으로 일상을 바라보면, 우리의 창의성이 더욱 발휘됩니다.

다. 삶의 만족도와 행복감 상승

감사의 실천은 우리의 삶의 만족도와 행복감을 상승시킵니다. 감사의 순간들을 인지하고 나눔으로써, 우리는 삶에 더 큰 의미를 부여하게 되며, 더욱 풍요로운 삶을 누릴 수 있게 됩니다.

감사의 실천은 작고 소중한 순간들을 통해 우리의 삶을 더 풍요롭게 만들어 줍니다. 작은 것에도 감사하며, 그 감사의 미소를 실천함으로써, 우리는 더 큰 행복을 찾아갈 수 있습니다. 감사의 실천은 우리의 마음과 인간관계를 풍성하게 하며, 긍정적인 시각과 행동으로 우리의 삶을 더욱 풍요롭게 만들어 나갈 것입니다. 따라서 감사의 미소와 행동을 통해 우리는 더 풍요로운 행복을 찾아가기를 기대합니다.

제5절. 작은 기쁨의 발견과 나눔의 행복

일상의 소소한 순간들이 얼마나 소중하고 의미 있는지에 대한 인식은 우리가 더 나은 삶을 찾아가는 여정에서 중요한 출발점입니다. 이번 절에서는 "작은 기쁨의 발견과 나눔의 행복"이라는 주제를 통해, 우리의 삶이 어떻게 일상의 작은 기쁨과 나눔의 순간들을 통해 더 풍요로워지고 의미를 얻을 수 있는지를 탐구해 보고자 합니다.

제1항. 작은 기쁨의 발견

가. 간단한 것에 숨은 행복

우리는 종종 큰 성취나 특별한 순간에서만 행복을 느낀다고 착각합니다. 그러나 우리의 일상은 작은 것들로 가득 차 있습니다. 누군가의 웃음, 따뜻한 햇살, 나뭇잎 사이로 비추어지는 빛 등등, 이러한 작은 순간들에 주목하고 그 가치를 깨닫는 것은 우리에게 큰 기쁨을 안겨 줍니다.

나. 자연과의 소통에서 찾는 기쁨

자연은 우리에게 끊임없는 기쁨을 제공합니다. 작은 꽃 한 송이, 바람에 흩날리는 나뭇잎, 새들의 지저귐 등, 이러한 자연의 아름다움에 주목하고 연결되어 있으면 우리는 자연과 어우러져 풍요로운 삶을 살아갈 수 있습니다.

제2항. 나눔의 행복

가. 나눔의 효과로 확장되는 행복

작은 기쁨을 나누는 것은 우리 스스로뿐만 아니라 주변 사람들에게도 긍정적인 영향을 미칩니다. 나눔은 양방향성의 효과를 지니고 있어, 주는 쪽뿐만 아니라 받는 쪽에게도 큰 기쁨을 선사합니다.

나. 나눔의 행복과 인간관계

나눔은 우리의 인간관계를 더욱 깊게 만들어 줍니다. 서로에게 나눔의 순간을 공유함으로써, 우리는 더욱 가까워지고, 강한 심리적 연결을 형성할 수 있습니다. 작은 나눔이 큰 의미의 나눔으로 이어집니다.

다. 자기만족과 나눔

나눔은 우리 자신에게도 큰 만족감을 줍니다. 다른 이들에게 도움을 주고 나눔의 기회를 찾는 것은 자기 자신에게도 긍정적인 영향을 미치며, 내적인 성취감을 높여 줍니다. 나눔의 행복은 주는 이와 받는 이 양쪽에 모두 풍요로운 경험을 선사합니다.

제3항. 작은 기쁨과 나눔의 행복의 연계

가. 나눔의 순간을 기록하며

작은 기쁨과 나눔의 순간을 기록하는 것은 우리의 삶에 의미를 부여하는 첫걸음입니다. 이를 통해 우리는 나눔의 순간들이 얼마나 풍요로운 삶을 창출해 내는지를 자세히 알 수 있습니다. 나눔이 우리에게 미치는 긍정적인 영향을 눈에 띄게 표현할 수 있습니다.

나. 작은 기쁨을 나눔으로 확장하기

작은 기쁨을 나눔으로써 이를 확장하는 방법은 다양합니다. 예를 들어, 작은 선물, 따뜻한 말 한마디, 봉사활동 참여 등을 통해 우리는 작은 기쁨을 주고받음으로써 더 큰 나눔의 문화를 조성할 수 있습니다. 이를 통해 우리의 주변 사회에 긍정적인 효과를 발휘할 수 있습니다.

다. 나눔의 행복이 일상으로

나눔의 행복이 일상으로 자리 잡으면, 우리의 삶은 지속적으로 행복과 풍요로움으로 가득 차게 됩니다. 나눔은 양방향성의 효과를 가지고 있어, 우리가 주는 만큼 받아들이는 즐거움을 경험하게 됩니다. 나눔의 행복은 우리의 삶을 풍요롭게 만들 뿐만 아니라, 우리 자신의 성장과 변화를 이끌어 내는 동력이 될 것입니다.

작은 기쁨의 발견과 나눔의 행복은 우리의 삶을 더욱 풍요롭게 만들어 줍니다. 작은 것에 주목하고, 그것을 나눔으로써 우리는 서로에게 더 가까워지고, 삶의 의미를 찾아가게 됩니다. 작은 기쁨을 나눔의 즐거움으로 이어지게 하면, 우리의 삶은 보다 풍요로워지며, 주변 사회에도 긍정적인 영향을 끼치게 될 것입니다. 따라서 작은 기쁨의 발견과 나눔의 행복을 통해 우리는 보다 더 의미 있는 인생을 살아가길 기대합니다.

제6절. 삶의 작은 기쁨과 공헌의 행복

인간의 삶은 한 연속된 여정이며, 이 여정에서 발견하는 작은 기쁨과 공헌의 행복은 우리의 삶을 더욱 풍요롭게 만드는 중요한 구성 요소입니다. 이번 절에서는 "삶의 작은 기쁨과 공헌의 행복"이라는 주제를 통해, 우리가 일상에서 찾아낼 수 있는 작은 기쁨이 어떻게 우리의 행복과 연결되며, 그 행복을 나눔과 공헌을 통해 어떻게 확장시킬 수 있는지에 대해 탐구하고자 합니다.

제1항. 작은 기쁨의 중요성

가. 간단한 것에 담긴 큰 행복

큰 목표나 성취에 의존하지 않고도 우리는 주변의 작은 순간들에서 큰 행복을 발견할 수 있습니다. 즐겁게 보낸 시간, 간단한 대화, 미소, 그리고 예측할 수 없는 순간들이 우리에게 큰 기쁨을 선사합니다. 이 작은 순간들을 놓치지 않고 즐기면 우리의 삶은 훨씬 풍요로워집니다.

나. 지금, 여기에서의 삶

과거나 미래에 대한 고민 속에서 벗어나 현재의 순간에 집중하는 것은 작은 기쁨을 찾아내는 첫걸음입니다. 현재에 집중하고, 감사의 마음을 가지며 우리는 주변의 작은 순간들에 더 깊게 공감하게 됩니다. 작은 기쁨을 찾는 것은 우리 자신에 대한 선물이며, 이를 통해 삶의 가치를 높일 수 있습니다.

제2항. 작은 기쁨의 나눔과 확장

가. 작은 기쁨을 주변과 나누기

우리가 경험하는 작은 기쁨은 종종 주변과의 소통을 통해 더욱 특별한 의미를 얻습니다. 가족, 친구, 동료들과 작은 기쁨을 나누면 우리의 행복은 배가 됩니다. 공유된 경험은 더 오래 기억되며, 함께한 순간을 공유한 사람들과의 인간관계를 더욱 강화시킵니다.

나. 나눔의 순간이 확장되는 효과

작은 기쁨을 나누는 것은 양방향적인 효과를 가지고 있습니다. 나눔의 순간이 확장되면 우리는 더 큰 공헌의 행복을 느낄 수 있습니다. 작은 나눔들이 모여 큰 나눔의 문화를 조성하면, 우리의 사회와 세계는 더욱 따뜻하고 연결된 공동체로 나아갈 것입니다.

제3항. 공헌의 행복의 의미

가. 자기 계발과 성취감

공헌은 우리의 성장과 발전에 큰 기여를 합니다. 봉사활동이나 지역 사회 참여, 지식과 경험을 나누는 것은 우리 자신을 계발하는 과정이며, 이는 큰 만족과 성취감을 안겨 줍니다.

나. 인간관계의 강화

공헌은 우리의 인간관계를 강화시켜 줍니다. 다른 이들에게 도움을 주는 것은 서로에게 더 가까워지게 하며, 긍정적인 상호 작용을 촉진시킵니다. 이는 우리 주변의 커뮤니티와 조화롭고 풍요로운 관계를 형성하는 데 기여합니다.

다. 사회적 가치와 선순환

공헌은 우리가 속한 사회의 가치를 높여 주며, 이는 선순환의 원리를 따릅니다. 작은 기쁨과 나눔의 순간이 사회적 가치를 창출하면, 이는 다시 우리에게 행복과 만족을 가져다줄 것입니다.

삶의 작은 기쁨과 공헌의 행복은 우리의 삶에 깊은 의미와 풍요로움을 더해 줍니다. 작은 것에 감사함을 느끼고, 이를 나눔과 공헌을 통해 확장시키면, 우리의 삶은 더욱 풍요로워지고 의미 있게 채워질 것입니다. 작은 기쁨을 나누며, 공헌의 행복을 실천하는 것은 우리가 어떻게 보다 의미 있는 삶을 살아갈지에 대한 고민의 시작일 것입니다. 이를 통해 우리는 개인적인 행복뿐만 아니라 주변 사회와 세계에 긍정적인 변화를 이끌어 낼 수 있을 것입니다.

제7절. 독서와 예술과 문학에서 찾는 행복

인생은 여러 가지 도전과 고난, 그리고 행복의 순간들로 이루어져 있습니다. 이러한 여정에서 우리는 독서, 예술 그리고 문학이라는 인간의 창조물 속에서 깊은 행복을 발견할 수 있습니다. 이 절에서는 어떻게 이들이 우리 삶에 긍정적인 영향을 미치며, 우리에게 어떤 의미 있는 행복을 제공하는지 탐구하고자 합니다.

제1항. 독서의 다양성을 통한 성장

가. 새로운 지식과 시야의 확장

독서를 통해 우리는 세계 각지의 다양한 지식과 경험을 소화할 수 있습니다. 각 언어와 문화의 풍요로운 산물들은 우리의 시야를 확장시키며, 우리를 새로운 지적 모험으로 인도합니다. 이는 우리의 호기심을 충족시켜주며, 새로운 지식을 얻는 기쁨과 만족감을 안겨 줍니다.

나. 감정과 공감의 공간

문학은 우리에게 다양한 감정의 범주를 제시합니다. 작가의 표현력은 독자에게 공감과 감동을 전달하고, 그 안에서 공감의 연대를 형성합니다. 이러한 공감은 우리 감정의 다양성을 이해하게 하며, 상상 속의 세계에서 새로운 경험을 즐길 수 있는 창구를 제공합니다.

제2항. 예술의 아름다움

가. 미술: 시각적 감동과 예술의 힘

미술은 우리에게 시각적인 감동을 안겨 줍니다. 화가의 손끝에서 피어나는 예술 작품은 우리의 눈과 마음을 사로잡으며, 아름다움과 창의성의 표현으로 우리를 사로잡습니다. 예술은 우리의 상상력을 자극하여, 예술 작품 속에서 무한한 아이디어와 영감을 발견할 수 있는 기회를 제공합니다.

나. 음악: 감정의 표현과 공유

음악은 감정의 표현과 공유의 강력한 매개체입니다. 다양한 음악 장르와 스타일은 우리의 감정을 풍부하게 만들어 주며, 가사와 음악의 조합은 우리에게 다양한 감정을 경험할 수 있는 기회를 제공합니다. 음악은 우리가 마주하는 감정적인 순간에서 공감과 행복을 공유하는 특별한 수단이 됩니다.

제3항. 문학의 다양성을 통한 이해와 성장

가. 다양한 삶의 이해

문학은 서로 다른 배경과 상황에서 벌어지는 이야기들을 통해 우리에게 다양한 삶의 이해를 제공합니다. 캐릭터들의 성공과 실패, 그들이 겪는 도전과 우리의 공감은 우리에게 새로운 시각과 깨달음을 선사합니다. 이를 통해 우리는 타인과의 이해와 연결을 강화시키며, 다양성을 받아들이는 중요성을 깨닫게 됩니다.

나. 자아의 발견과 성장

문학은 우리에게 자아의 발견과 성장에 대한 인사이트를 제공합니다. 소설 속 주인공들의 경험과 성취는 우리 자신의 삶에 미치는 영향을 고민하게 하며, 독자들은 주인공들의 여정을 통해 자아의 방향성을 찾게 됩니다. 문학은 우리에게 실패와 힘든 시기를 극복하는 데 필요한 지혜와 용기를 제공하여, 우리를 성숙하게 만들어 줍니다.

독서, 예술, 문학은 우리의 삶에 큰 행복을 안겨줍니다. 이들은 우리의 지적 호기심을 충족시키며, 감정의 표현을 도와주며, 새로운 시각과 깨달음을 제공합니다. 우리는 이들을 통해 다양성을 받아들이고, 자아의 발견과 성장을 경험할 수 있습니다. 독서와 예술과 문학은 우리에게 끊임없는 학습과 새로운 경험을 선사하며, 이는 우리의 삶을 보다 풍요롭고 의미 있게 만들어줄 것입니다. 이들과 함께하는 시간은 우리가 찾는 행복의 빛나는 순간으로 남을 것입니다.

세월 속에서 찾는 행복

제1절. 과거와의 화해와 깊은 감사

우리의 삶은 과거와 현재, 미래의 연속된 순간들로 이루어져 있습니다. 그중에서도 과거는 우리가 지나온 길을 반영하며, 때로는 불안과 갈등을 초래하는 그림자와 같은 역할을 합니다. 이러한 과거와의 관계는 우리의 행복과 조화로운 삶을 위해 중요한 과제 중 하나입니다.

제1항. 과거와의 화해

가. 과거의 무거운 짐과 화해

우리는 과거의 실수와 상처 때문에 무거운 짐을 지고 살기도 합니다. 이러한 짐은 때로는 현재의 행복을 방해하고, 발전을 억누를 수도 있습니다. 그렇기에 우리는 과거와의 화해가 필수적입니다. 첫째로, 과거의 자신과 솔직하게 대화해 봅시다. 지나간 일들을 돌아보며 어떤 감정을 느꼈는지, 왜 그런 선택을 했는지 등을 정직하게 자문해 보는 것이 중요합니다. 이를 통해 우리는 자신을 받아들이고, 과거의 부정적인 감정과 싸

위 나갈 수 있습니다. 둘째로, 과거의 자신에게 용서를 부탁합시다. 우리는 모두 인간으로서 완벽하지 않습니다. 실수와 부주의로 인해 상처받은 경험이 있을 것입니다. 그러나 그것은 과거의 우리일 뿐입니다. 자신에게 용서를 주고, 미련을 떨치는 것은 곧 화해로 이어집니다.

나. 과거와의 화해와 대인관계

과거와의 화해는 우리의 대인관계에도 큰 영향을 미칩니다. 우리가 자신과의 화해를 이루면, 주변의 사람들과의 관계도 원활해집니다. 과거의 감정을 푸는 과정에서 우리는 자유로워지고, 자유로워진 우리는 더 풍요로운 대인관계를 쌓아 나갈 수 있습니다. 과거의 상처를 이해하고 해소함으로써 우리는 상대방에게 더욱 이해심을 가질 수 있습니다. 더불어, 자신에게 용서를 주는 과정에서 우리는 타인에게도 용서와 이해를 베풀게 됩니다. 이는 대인관계를 향상시키는 중요한 과정 중 하나입니다.

제2항. 과거와의 화해와 감사의 중요성

가. 과거에서의 깊은 감사와 성장

과거와의 화해는 감사의 마음과 깊게 연결되어 있습니다. 과거는 우리를 지금의 존재로 이끌어 주었고, 그 경험들은 우리를 강하게 만들어 주었습니다. 특히 실패와 어려움에서 얻은 교훈은 우리에게 더 큰 성장의 기회를 제공했습니다. 과거에 대한 감사의 마음을 키우면 우리는 과거의 부정적인 감정들을 긍정적으로 변화시킬 수 있습니다. 어떤 어려움이든 그 속에서 찾을 수 있는 긍정적인 변화와 성장은 우리를 더욱 풍요롭게 만들어 줍니다. 감사의 마음을 키워, 우리는 과거의 그림자를 밝고 풍요로운 미래를 위한 계기로 활용할 수 있습니다.

나. 감사의 마음과 긍정적인 변화

과거와의 화해와 감사는 우리의 태도를 긍정적으로 변화시킵니다. 과거의 어떤 상황이든, 그 속에서 찾을 수 있는 긍정적인 변화나 성장은 우리를 더욱 풍요롭게 만들어 줍니다. 과거의 경험을 긍정적으로 평가하고, 그 속에서 얻은 지혜를 현재에 적용함으로써 우리는 더 나은 미래를 향해 나아갈 수 있습니다. 감사의 마음을 키우면 우리는 과거의 상처에서 벗어나 현재의 순간을 더 깊이 즐길 수 있습니다. 과거에 대한 감사와 화해의 마음은 우리를 현재의 삶에 더욱 집중하게 만들어 주며, 이는 행복과 만족을 높이는 데 기여합니다.

세월이 흘러가면서 누구나 쌓아 온 경험이 있습니다. 그중에서도 과거는 우리의 삶을 풍부하게 만들어 주는 보물창고입니다. 그러나 이러한 풍부함은 우리의 인식과 태도에 따라 달라집니다. 과거와의 화해와 깊은 감사의 마음을 키움으로써, 우리는 지난날들을 긍정적으로 평가하고, 그 안에서 얻은 깊은 통찰과 지혜를 현재에 적극적으로 활용할 수 있습니다. 과거를 향한 화해의 길은 곧 행복과 만족의 길이기도 합니다. 우리는 감사의 마음을 키우고, 과거의 그림자에서 벗어나 더 나은 미래를 향해 걸어갈 수 있습니다. 이는 우리의 삶을 더욱 깊이 이해하고, 순간을 더욱 가치 있게 만드는 여정입니다. 이 여정에서 우리는 과거와의 화해와 깊은 감사의 마음을 통해 인생의 놀라운 아름다움을 발견할 것입니다. 과거를 기꺼이 안아 감사의 마음으로 나아가면, 우리의 100세 삶은 더욱 풍요로워질 것이며, 행복한 여정이 될 것입니다.

제2절. 고난 극복에서 얻는 지혜

우리의 삶은 평탄한 길이 아니라, 가끔은 험난한 산길과 같습니다. 이런 고난의 순간들이 우리에게는 그 어떤 경험보다도 큰 지혜를 안겨 주곤 합니다. 어려움을 극복하며 얻는 지혜는 우리의 삶에 깊은 의미를 부여하고, 미래를 향한 강력한 힘을 선사합니다.

제1항. 고난 극복의 중요성

가. 어려움 속에서의 성장

우리의 삶에서 고난은 불가피한 일부분입니다. 그러나 이 어려움 속에서 숨겨진 기회와 성장의 문이 열린다는 것을 기억해야 합니다. 어려움을 극복하는 과정에서 우리는 자신을 더 깊이 이해하고, 내적 강점과 약점을 발견할 수 있습니다. 이러한 자기 인식은 우리에게 더 강력한 내면의 힘을 부여하며, 그로써 삶에 대한 새로운 시각을 제공합니다. 초반에는 어려움이 가혹하게 다가올지라도, 그 속에서 성장하고 발전하는 새로운 가능성을 발견할 수 있습니다. 어려운 상황에서 우리는 더 큰 용기와 지혜를 얻게 되며, 이를 통해 미래에 대한 더 깊은 이해를 얻게 됩니다. 고난은 단지 문제에 봉착했을 때가 아니라, 어떤 상황에서든 우리에게 새로운 것을 배우고 성장할 수 있는 기회로 다가옵니다.

나. 문제 해결과 자기 발견

고난 극복은 단순히 어려운 문제를 해결하는 것 이상의 의미를 지닙니다. 어려움 속에서 우리는 문제 해결의 기술을 개발하고, 자아를 발견하게 됩니다. 문제에 직면했을 때 그것을 이해하고 해결책을 찾는 것은 물론, 이로써 우리는 내면의 힘과 민감성을 발전시킬 수 있습니다. 자기 발견은 어려움을 극복하는 과정에서 나타나는 부산물 중 하나입니다. 도전에 직면했을 때, 우리는 자신의 강점과 약점을 더욱 뚜렷하게 인식하게 되고, 이는 자기 성장과 이해에 큰 기여를 합니다. 어려움을 이겨 내는 것은 더 나은 문제 해결 능력을 키우고, 동시에 자아를 더 깊이 이해하는 과정으로 이어집니다.

제2항. 고난 극복과 성장의 상호 작용

가. 내적 강화와 인간관계

고난 극복은 단순히 문제를 해결하는 것 이상으로, 내적 강화에도 기여합니다. 어려움 속에서 겪는 갈등과 힘겨움은 우리의 내면에서 강인함과 인내력을 키우는 계기가 됩니다. 이 내적 강화는 어려움이 지속될 때에도 우리를 견고하게 유지시키고, 불확실한 상황에서도 안정성을 유지하는 데 도움을 줍니다. 또한, 고난 속에서 형성되는 강한 유대감은 우리의 인간관계에 긍정적인 영향을 끼칩니다. 공동의 어려움을 극복하는 과정에서 형성되는 신뢰와 연대감은 가족, 친구, 동료들과의 관계를 강화시킵니다. 서로에 대한 이해와 지원은 우리를 더 적극적이고 긍정적인 삶으로 이끌어 줍니다. 공동의 어려움 속에서 형성된 유대감은 우리가 특별한 순간들을 함께 나누며, 각자의 강인함을 키울 수 있는 귀중한 기회를 제공합니다.

나. 긍정적인 성장과 미래 희망

고난 극복에서 얻는 지혜는 우리의 삶을 긍정적으로 변화시키는 결정적인 역할을 합니다. 어려움을 극복하고 성취한 경험은 우리에게 자신감을 부여하고, 앞으로의 도전에 대한 두려움을 극복하는 데 도움을 줍니다. 이는 우리가 삶의 어려움을 긍정적으로 인식하고, 도전적인 상황에서도 자신을 믿고 나아갈 수 있는 기반을 제공합니다. 또한, 어려움을 극복한 경험은 미래에 대한 희망을 안겨 줍니다. 어려움을 극복하는 과정에서 우리는 미래에 대한 믿음과 희망을 기를 수 있습니다. 지혜로운 선택과 단호한 결심은 우리를 더 나은 미래로 인도해 줄 것이며, 어려움이 찾아오더라도 우리는 이를 극복하며 성장할 수 있는 자신감을 키울 수 있습니다.

고난 극복에서 얻는 지혜는 마치 인생의 미학과 같습니다. 어려움 속에서 찾는 해결책과 성장은 우리의 삶에 깊은 의미를 부여합니다. 어려움을 극복하는 과정에서 우리는 인간으로서의 가치를 더욱 높게 되고, 그 경험들은 우리를 더욱 성숙하게 만듭니다. 고난 속에서 얻은 지혜는 우리의 삶을 풍요롭게 만들어 주며, 어려움을 이겨 낸 우리 자신에게는 깊은 존경과 자부심을 가져다줄 것입니다. 어려움을 이겨 낸 우리의 이야기는 미래의 동기 부여와 희망의 원천이 될 것이며, 이는 우리의 100세 인생에서도 계속되어 갈 소중한 지혜의 축적이 될 것입니다. 고난 극복은 인생의 여정에서의 특별한 순간들 중 하나로, 그 깊은 의미와 가치를 깨닫게 하는 여정의 일부입니다.

제3절. 성공과 실패에서 얻는 교훈

인생은 모험의 연속이자, 성공과 실패의 파도 속에 놓여 있는데, 이 두 경험은 우리에게 깊은 교훈을 전하며 삶을 더욱 풍요롭게 만들어 줍니다. 성공과 실패는 우리가 지나가는 길 위에서 무척이나 중요한 표지판들이자, 성장과 배움의 기회입니다.

제1항. 성공의 중요성

가. 목표 달성과 성취의 즐거움

성공은 단순히 목표를 이루고 결과를 얻는 것뿐만 아니라, 더 나아가 목표를 향한 여정과 그로 인한 성취의 기쁨을 말합니다. 목표를 향해 나아가는 과정에서 느끼는 희열과 만족은 우리 삶에 특별한 의미를 부여합니다. 첫째로, 목표의 중요성을 깨닫습니다. 목표는 우리의 삶에 방향성을 제시하고, 미래에 대한 비전을 그립니다. 성공은 이러한 목표를 향해 나아가는 과정에서 찾아지며, 이 과정은 우리에게 목표의 가치를 깨닫게 합니다. 둘째로, 노력과 헌신이 성공에 불가피하게 수반됩니다. 어떤 목표라도 이루기 위해서는 힘들고 지칠 수 있는 여정이 기다립니다. 그러나 이런 노력들은 성공의 달콤한 성취와 함께, 우리를 더 강하고 지혜롭게 만들어 줍니다.

나. 성공에서 얻는 교훈

성공에서 얻는 교훈은 다양하고 심오합니다. 첫 번째로, 성공은 노력의 가치를 가르쳐 줍니다. 어떤 일이든 목표를 향한 끊임없는 노력과 헌신이 있어야만 성공이라는 귀중한 결과를 얻을 수 있습니다. 이런 노력들은 우리를 더 강하게 만들고, 목표에 대한 헌신은 우리의 삶에 의미를 부여합니다. 둘째로, 성공은 지속 가능한 성장의 중요성을 강조합니다. 성공은 단기적인 목표 달성뿐만 아니라, 장기적인 발전을 위한 노력을 함께 수반합니다. 이러한 지속 가능한 성장은 우리가 지속적으로 발전하고 새로운 도전에 대처할 수 있는 능력을 키워 줍니다.

제2항. 실패의 중요성

가. 도전과 교훈의 장

실패는 늘 성공의 그림자 속에 숨어 있습니다. 그러나 실패는 그 자체로도 또 다른 가르침을 안고 있습니다. 실패에서 얻는 교훈은 우리의 성장과 변화에 큰 영향을 끼칩니다. 첫째로, 실패는 도전과 새로운 가능성을 두려워하지 않도록 가르쳐 줍니다. 실패는 우리에게 도전의 기회를 제공하며, 새로운 것에 도전함으로써 우리는 더 많은 것을 배우고 성장할 수 있습니다. 둘째로, 실패는 겸손의 필요성을 강조합니다. 모든 계획이 완벽하게 진행되지 않을 수 있습니다. 실패는 우리에게 자신을 되돌아보고, 자기 성찰의 기회를 제공하여 더 나은 방향으로 나아가게 만들어 줍니다.

나. 실패에서 얻는 교훈

실패에서 얻는 교훈은 우리의 삶에 깊은 영향을 미칩니다. 먼저, 실패는 겸손의 필요성을 강조합니다. 성공이라는 목표에 도달하지 못했을 때 우리는 자신을 되돌아보게 되며, 그 경험은 우리에게 겸손을 가르쳐 줍니다. 더불어, 실패는 우리에게 고정 관념을 벗어나고 새로운 도전에 더 열려 있어야 한다는 교훈을 전해 줍니다.

성공과 실패는 우리 삶의 두 극단적인 경험이지만, 이 두 가지는 상호 보완적입니다. 성공과 실패는 모두 인생의 풍요로운 향연에서 우리에게 교훈을 전해 주는 주역들입니다. 이러한 교훈들은 우리의 100세 삶을 더욱 풍요롭게 만들어 줄 것입니다. 성공과 실패를 통해 얻은 지혜와 교훈은 우리가 지난날들을 더욱 풍성하게 평가하고, 그 안에서 얻은 깊은 통찰과 지혜를 현재에 적극적으로 활용할 수 있게 도와줄 것입니다. 실패는 우리에게 겸손을 가르치고, 성공은 우리에게 자신에 대한 믿음을 키워 줍니다. 이 두 경험의 조화된 교훈을 통해 우리는 삶의 여정에서 더욱 풍요로움과 성취를 찾아갈 수 있을 것입니다.

제4절. 현재에 집중하며 살아가는 지혜

인생의 여정에서 우리는 과거의 추억과 미래의 기대에 갇혀 현재의 순간을 지나치며 놓치기 쉽습니다. 그러나 현재에 집중하며 현재의 순간을 살아가는 지혜는 우리에게 더 깊은 행복과 만족을 안겨 줄 수 있는 보다 높은 의미를 제시합니다. 우리가 현재를 어떻게 인식하고 경험하느냐에 따라 행복은 달라질 수 있습니다.

제1항. 현재의 중요성

가. 과거의 묶음과 미래의 약속

우리는 과거의 추억과 미래의 기대 속에서 자주 살아가곤 합니다. 과거는 우리의 삶에서 끊임없이 흘러가는 강물처럼 불가피하게 우리를 영향하며, 미래는 끊임없는 기대와 두려움으로 마음을 가득 채웁니다. 그러나 이 모든 것을 통제하고 관리할 수 있는 유일한 순간은 바로 현재입니다. 현재에 집중함으로써 우리는 과거의 짐을 덜고, 미래에 대한 불안을 덜 수 있습니다. 첫째로, 현재는 과거와 미래를 잇는 다리입니다. 과거의 경험은 우리에게 교훈을 제공하고, 미래의 기대는 우리에게 희망을 안겨 줍니다. 그러나 이 두 가지는 결국 현재에서 만나고 교차됩니다. 현재의 순간에서 우리는 과거의 경험을 통해 배운 지혜를 활용하고, 미래의 기대를 현재에 살아가며 현실로 만들어 나갈 수 있습니다. 둘째로, 현재는 인생의 특별한 순간입니다. 현재에 집중함으로써 우리는 과거의 기억과 미래의 기대와는 다르게, 현재의 순간을 즐기고 경험할 수 있습니다. 감사하고 인정하는 마음으로 현재의 순간을 대하면, 우리는 그 안에서 더 큰 행복을 찾을 수 있습니다.

나. 현재에 집중하며 마음의 평화

현재에 집중하며 현재의 순간을 살아가는 것은 미덕 중의 하나로 여겨집니다. 이는 인지과학과 마음의 평화를 통해 뒷받침되고 있습니다. 첫째로, 인지과학적인 관점에서 현재에 집중하는 것은 우리의 정신적인 건강에 긍정적인 영향을 미칩니다. 과거나 미래에 대한 무거운 부담을 갖지 않고 현재에 집중함으로써 스트레스를 줄일 수 있습니다. 현재의 경험을 인지적으로 받아들이고 즐김으로써 우리는 더 나은 정신적인 안녕을 찾을 수 있습니다. 둘째로, 마음의 평화와 연관 지어 현재에 집중하는 것은 명상과 연결됩니다. 명상은 현재의 순간에 집중하고 현재의 경험을 수용하는 데 도움이 되는 효과적인 수단 중 하나입니다. 마음의 평화를 찾으면 우리는 주변 환경과 더욱 조화롭게 어우러지며, 삶의 감동적인 순간들을 더욱 뚜렷이 느낄 수 있습니다.

제2항. 현재에 집중과 행복의 상호 작용

가. 현재의 긍정적 영향

현재에 집중하며 현재의 순간을 살아가는 것은 우리의 삶에 긍정적인 영향을 미칩니다. 이는 감사와 만족의 씨앗을 심는 것과도 연결되어 있습니다. 첫째로, 현재에 집중하는 것은 감사의 실천으로 이어집니다. 현재의 순간을 감사하며 받아들이면, 우리는 더 많은 것을 가진 것으로 느끼게 되고, 이는 우리의 삶에 긍정적인 태도를 불러일으킵니다. 둘째로, 현재의 순간을 살아가는 것은 만족을 찾는 첫걸음입니다. 현재를 소중히 여기고 즐기면서 삶에 만족을 느끼는 것은 우리에게 내적 평화와 안정감을 선사합니다. 끊임없이 미래를 찾아 항해하는 우리에게 현재의 만족이라는 정원은 여유와 행복을 품게 할 것입니다.

나. 현재에 집중하는 행복의 비밀

현재에 집중하고 현재의 순간을 경험하는 것은 행복의 비밀 중 하나입니다. 이는 'Flow(집중)'라고 불리는 상태와 존재감에 깊게 연결되어 있습니다. 첫째로, Flow는 우리가 현재에 완전히 몰입하며 경험하는 상태를 의미합니다. 일하는 동안, 예술활동을 할 때, 혹은 취미를 즐길 때 등 우리가 하는 모든 활동에서 현재에 몰입할 때 우리는 Flow 상태에 도달합니다. 이는 현재의 경험에 완전히 몰입함으로써 우리가 더 큰 만족과 성취를 느끼게 해 줍니다. 둘째로, 존재감은 현재에 존재하는 것을 의미합니다. 존재감을 높이면 우리는 감사하게 현재를 받아들이고, 삶의 깊은 의미를 탐험할 수 있습니다. 존재감을 높이면서 우리는 자아의 발견과 인생의 목적을 찾아가는 여정에서 더 큰 행복을 맛보게 될 것입니다.

* Mihaly Csikszentmihalyi, 1998, 《Finding Flow: The Psychology of Engagement with Everyday Life》, Basic Books (국내에서는 《몰입의 즐거움》, 이희재 번역, 해냄출판사에서 출간)

현재에 집중하며 현재의 순간을 살아가는 것은 과거와 미래 사이에서 우리에게 열린 창문입니다. 이 창문을 열면 우리는 지금 이 순간에 더욱 깊이 관여하고, 행복과 만족을 찾을 수 있습니다. 이러한 현재의 선물은 미래를 위한 투자이기도 합니다. 현재의 순간을 성실히 살아가며 우리는 내적인 안정과 평화를 얻을 수 있습니다. 이는 더 풍요로운 미래를 위한 준비라 할 수 있으며, 현재에 감사함을 더하고 더욱 풍요로운 미래를 기대하는 길이 될 것입니다. 따라서, 현재에 집중하며 현재의 순간을 살아가는 지혜는 우리에게 주어진 소중한 선물이자, 더 나은 삶의 문을 열어 줄 열쇠입니다. 이 순간의 소중함을 깨닫고, 감사하게 받아들이며, 풍요로운 미래를 위한 준비를 하는 것은 우리의 100세 삶을 더욱 의미 있게 만들어 줄 것입니다.

제5절. 미래에 대한 희망과 긍정적인 기대

인생의 여정에서 미래는 우리에게 항상 미지의 대상으로 다가옵니다. 그렇지만 미래에 대한 희망과 긍정적인 기대는 우리의 삶에 열린 창문으로 작용하며, 끊임없는 도전과 성장을 위한 원동력으로 작용합니다. 미래를 어떻게 대하느냐에 따라 우리의 행복과 성공은 크게 좌우됩니다.

제1항. 미래에 대한 긍정적 기대의 중요성

가. 도전과 기회의 상징

미래는 미지의 세계로, 우리에게는 예측할 수 없는 여러 가능성을 안겨 줍니다. 이 미지성은 동시에 도전과 기회의 씨앗을 안고 있습니다. 미래에 대한 두려움이 아닌 도전과 긍정적인 기대는 미래의 미지성을 받아들이고 이를 창조적으로 활용할 수 있는 힘을 부여합니다. 첫째로, 미래는 우리에게 새로운 도전의 기회를 제공합니다. 미래의 미지성은 우리가 더 나은 삶을 창조하고자 도전하게 만듭니다. 새로운 아이디어, 기술, 가치관은 미래를 향한 우리의 도전을 격려하고, 이를 통해 우리는 성장하고 발전할 수 있습니다. 둘째로, 미래는 성취와 발전의 기회를 제공합니다. 미래에 더 나은 버전의 자신을 만들고, 개인적이고 직업적인 목표를 달성하기 위한 노력은 미래의 긍정적인 기대를 향해 나아가는 중요한 단계입니다. 미래는 우리에게 발전의 문을 열어 주며, 이를 통해 더 큰 성취를 이루는 기회를 제공합니다.

나. 미래는 희망의 촛불

미래에 대한 긍정적인 기대는 희망의 촛불을 밝혀 줍니다. 희망은 어떠한 어려움에도 불구하고 미래의 긍정적인 변화를 기대하는 마음입니다. 이는 우리에게 힘과 용기를 주며, 미래에 대한 긍정적인 기대는 우리의 마음을 밝고 긍정적으로 유지하는 데 큰 역할을 합니다. 첫째로, 미래에 대한 긍정적인 기대는 우리의 희망과 목표를 격려합니다. 특정 목표나 꿈을 향해 나아가는 것은 그 목표에 대한 긍정적인 기대가 있기 때문입니다. 미래에 대한 희망은 우리에게 미래를 향해 나아가는 동기와 열정을 부여하며, 이는 행복과 성공을 이루는 데 중요한 요소입니다. 둘째로, 미래에 대한 긍정적인 기대는 우리의 정신적인 안정을 높입니다. 불확실성과 불안이 가득한 현대 사회에서 미래에 대한 긍정적인 전망은 우리의 정신적인 안정을 높이는 역할을 합니다. 미래에 대한 희망과 낙관은 우리의 마음을 강하게 만들어 주어 어려움에 대처하는 데 도움을 줍니다.

제2항. 미래에 대한 희망과 긍정적 기대의 가치

가. 미래에 대한 계획과 준비

미래에 대한 긍정적인 기대는 단순한 낙관이 아니라, 현명한 계획과 준비를 함께 수반해야 합니다. 우리가 미래를 긍정적으로 기대하기 위해서는 현명한 계획과 실질적인 대비가 필수입니다. 첫째로, 미래에 대한 계획은 우리에게 명확한 방향을 제시해 줍니다. 목표를 설정하고 그 목표를 향해 나아가는 계획을 세우는 것은 미래에 대한 불확실성을 어느 정도 극복하는 데 도움이 됩니다. 계획을 세움으로써 우리는 미래에 대한 희망을 현실화시키고, 미래를 조금 더 예측 가능하게 만들 수 있습니다. 둘째로, 미래에 대한 준비는 우리를 미래의 불확실성에 대비할 수 있도록 도와줍니다. 긍정적인 기대와 함께 미래에 대한 현명한 대비는 우리에게 안정감과 자신감을 제공합니다. 급박한 상황이나 예기치 못한 변화에 대비하여 준비하는 것은 우리의 삶에 더 큰 안정성을 가져다줄 것입니다.

나. 미래의 꿈과 가치

미래에 대한 희망과 긍정적인 기대는 더 나은 미래를 창조하고, 의미 있는 삶을 추구하는 데 큰 역할을 합니다. 미래의 꿈과 가치는 우리에게 지속적인 동기 부여를 주며, 삶에 더 깊은 의미를 부여합니다. 첫째로, 미래의 꿈은 우리에게 방향을 제시해 줍니다. 꿈은 우리가 향해 나아가야 할 방향을 보여 주는 나침반 역할을 합니다. 미래의 꿈을 가지고 행동함으로써 우리는 더 큰 목표를 향해 나아가고, 이는 우리의 행복과 만족을 높일 것입니다. 둘째로, 미래의 가치는 우리의 행동과 선택에 의미를 부여합니다. 미래에 대한 긍정적인 기대와 함께 우리의 가치관과 미래에 대한 목표는 우리의 선택을 이끌어 갑니다. 더 나은 미래를 위해 우리의 행동과 선택이 가치 있는 것으로 여겨지면, 삶은 보다 의미 있게 느껴질 것입니다.

미래에 대한 희망과 긍정적인 기대는 우리의 삶에 빛과 색채를 더해 줍니다. 이는 우리가 미래를 긍정적으로 기대하고, 그에 따라 행동하며 발전해 나갈 수 있도록 격려해 주는 힘입니다. 미래는 우리의 선택과 행동에 따라 변화하고, 우리의 긍정적인 기대는 그 미래를 더 밝게 만들어 갑니다. 희망의 색깔을 입은 미래에서는 우리의 삶이 더욱 풍요로워지고, 행복의 순간들이 더욱 뚜렷이 빛날 것입니다. 따라서, 미래에 대한 희망과 긍정적인 기대는 우리의 삶에 더 큰 의미를 부여하며, 미래를 향한 도전과 성장의 역동을 일으켜 줄 것입니다. 희망의 색깔을 입은 미래에서는 우리의 삶이 더욱 풍요로워지고, 행복의 순간들이 더욱 뚜렷이 빛날 것입니다.

제6절. 시간의 가치 이해하기

인생은 시간의 흐름 안에서 그동안 쌓아 온 경험과 순간들이 모여 이루어지는 복합적인 축으로 볼 수 있습니다. 이 시간을 어떻게 이해하고 관리하느냐가 우리의 삶을 어떻게 살아갈지 결정하는 데 핵심적인 영향을 미칩니다.

제1항. 시간의 가치

가. 시간의 의미

시간은 마치 무한한 보물과 유한한 자원인 듯한 복합성을 가지고 있습니다. 우리는 시간을 통해 새로운 경험과 배움의 기회를 얻고, 삶을 더욱 풍요롭게 만들어 나갈 수 있습니다. 그러나 동시에 한 번 지나간 시간은 다시 돌아오지 않는 유한한 자원입니다. 시간을 올바르게 이해하고 적절히 활용하는 것이 중요합니다.

나. 소홀히 되기 쉬운 시간의 함정

우리는 빠르게 변화하는 현대 사회에서 일상의 소홀함에 빠지기 쉽습니다. 바쁜 생활 속에서는 시간을 소중히 여기지 않고 지나가는 것을 명심하지 않을 경우, 우리는 소중한 순간들을 놓칠 수 있습니다. 이는 시간이 계속 흘러가면서 삶의 의미를 무시하게 되고, 나중에는 그 소홀함에 대한 후회와 스스로에 대한 아쉬움이 남을지도 모릅니다.

다. 시간의 가치 이해

시간의 가치를 온전히 이해하는 것은 우리의 삶을 더욱 풍요롭게 만들기 위한 첫걸음입니다. 시간은 지나가는 숫자가 아니라, 우리의 성장과 경험, 소중한 인간관계를 형성하는 과정입니다. 의미 있는 순간들이 모여 삶을 풍성하게 만들며, 이를 위해서는 시간을 어떻게 사용하는가가 중요한 역할을 합니다.

제2항. 시간 관리의 중요성

가. 시간 관리는 효율적인 삶을 위한 지혜

시간 관리의 중요성은 우리가 효율적이고 의미 있는 삶을 살아가기 위한 필수적인 지혜입니다. 시간을 효과적으로 관리함으로써 우리는 목표를 달성하고 개인적인 성장을 이룰 수 있습니다. 그러나 시간을 관리하는 것은 쉽지 않은 일입니다. 이를 실천하려면 계획, 우선순위, 목표 설정 등 다양한 측면에서 신중한 고려가 필요합니다.

나. 시간 관리의 핵심

시간 관리의 핵심은 목표와 우선순위를 명확하게 설정하는 데 있습니다. 우리가 달성하고자 하는 목표를 정의하고, 그 목표를 달성하기 위한 일상적인 활동들에 우선순위를 부여하는 것이 중요합니다. 이를 통해 우리는 삶의 방향을 명확히 하고, 불필요한 소모적인 활동을 줄이며 효과적으로 시간을 활용할 수 있습니다.

다. 시간을 존중하며 살아가기

시간을 존중하며 살아가는 것은 강박적인 시간 관리가 아니라, 오히려 여유와 균형을 추구하는 것을 의미합니다. 너무 엄격한 계획이나 일정에 구속받기보다는 적당한 여유를 가지고 일상을 즐길 수 있는 방법을 찾는 것이 중요합니다. 이를 통해 삶은 조화롭고 풍요로운 향기를 품을 것입니다.

종합적으로, 시간의 가치를 이해하고 효과적으로 관리하는 것은 우리의 삶을 더욱 풍요롭고 의미 있게 만듭니다. 시간을 소중히 여기고, 목표와 우선순위를 설정하여 일상을 계획하는 것은 성공적인 삶을 살아가는 기술 중 하나입니다. 이를 통해 우리는 한 번뿐인 삶을 여유롭게 즐기며, 더 높은 삶의 질을 실현할 것입니다.

자기 계발에서 찾는 행복

제1절. 꿈과 목표 설정의 중요성

인생은 복잡하고 예측 불허의 여정이며, 이러한 여정에서 우리는 끊임없이 변화하고 성장하며 행복을 추구합니다. 특히, 100세 시대에 접어들면서 우리는 삶의 지속 가능성과 행복을 찾는 과정에서 새로운 시각과 방법을 모색하고 있습니다. 그중에서도 미래를 위한 계획 수립이 주목받고 있으며, 이를 통한 꿈과 목표 설정은 행복을 향한 핵심적인 발판으로 작용합니다.

제1항. 꿈과 목표 설정의 중요성

가. 미래의 방향을 제시하는 지침서

우리의 삶은 어떤 여정이라 할지라도 목표가 없는 여정은 허무하고 방황하는 느낌을 남깁니다. 꿈과 목표를 설정함으로써 우리는 마치 미래를 위한 지침서를 작성하는 것과 같습니다. 목표를 갖는 것은 마치 항해 중인 선박이 항로를 찾아가듯이 우리의 삶에 방향성을 부여합니다. 목표를 향해 나아가면서 우리는 자연스럽게 삶에 대한 비전을 확립하게 되고, 이는 행복을 추구하는 데에 큰 영향을 끼칩니다.

나. 동기 부여와 의미 부여

목표를 설정하면 우리는 그 목표를 달성하기 위한 동기 부여를 얻게 됩니다. 목표를 향해 노력함으로써 우리는 자신에게 더 높은 목적과 의미를 부여하게 되는데, 이는 행복을 찾는 데에 기반이 됩니다. 목표를 가지고 노력함으로써 우리는 일상적인 삶에 의미를 부여하고, 그 과정에서 더 큰 의미를 발견할 수 있습니다.

다. 성취감과 만족감의 향상

목표를 향해 노력하고 이를 성취함으로써 우리는 성취감과 만족감을 느끼게 됩니다. 이는 행복의 근본적인 감정 중 하나로, 목표를 달성함으로써 우리는 자신에게 뿌듯함을 느끼게 되며, 이는 자아존중감과 행복에 긍정적인 영향을 미칩니다. 목표를 향한 노력과 성과는 우리의 자아를 높여 주며, 이는 행복한 인생을 살아가는 데에 중요한 역할을 합니다.

제2항. 미래를 위한 계획 수립의 중요성

가. 불확실한 미래에 대한 대비

미래는 불확실성으로 가득합니다. 그러나 계획을 수립함으로써 우리는 불확실한 상황에 대비할 수 있습니다. 미래를 위한 계획은 마치 안전망과 같은 역할을 하며, 예상치 못한 상황에 대비하여 우리를 보호해 줍니다.

미래에 대한 계획이 있으면 우리는 자연스럽게 불안감을 줄이고 안정감을 높일 수 있으며, 이는 행복을 증진시키는 데에 중요한 역할을 합니다.

나. 자기 통제감의 확보

미래를 계획하고 목표를 설정하는 것은 자기 통제감을 확보하는 데에 도움이 됩니다. 자기 통제감은 행복과 직결된 개념으로, 미래를 계획하는 과정에서 우리는 우리 자신에게 더 많은 책임을 부여하게 됩니다. 이는 자신의 삶을 주도적으로 살아가는 데에 도움이 되며, 이로써 행복한 삶을 살아가는 데에 일조합니다.

다. 지속적인 성장과 발전

미래를 계획함으로써 우리는 지속적인 성장과 발전을 추구할 수 있습니다. 목표를 달성하고 새로운 목표를 세우는 과정에서 우리는 끊임없이 발전하고 성장할 수 있습니다. 이러한 지속적인 성장은 우리에게 더 많은 기회와 경험을 제공하며, 이는 행복한 삶을 살아가는 데에 큰 영향을 미칩니다. 목표를 향해 나아가면서 우리는 자신의 잠재력을 최대한 발휘하고, 이를 통해 더 나은 버전의 자신을 창출할 수 있습니다.

미래를 위한 계획 수립과 꿈, 목표 설정은 우리의 삶을 풍요롭게 만들어 주는 중요한 과정입니다. 이를 통해 우리는 자신만의 방향성을 찾고, 노력을 통해 성취감과 만족감을 느낄 수 있습니다. 또한 계획 수립은 불확실한 미래에 대비하고, 자기 통제감을 높이며, 지속적인 성장과 발전을 이룰 수 있는 기회를 제공합니다. 따라서 우리는 미래를 위한 계획 수립과 꿈, 목표 설정을 통해 행복을 찾을 수 있을 것이며, 이는 100세 시대에 더욱 의미 있는 삶을 살아가는 데에 큰 도움이 될 것입니다.

제2절. 새로운 것을 배우며 성장하기

인생은 끊임없는 도전과 발전의 연속체입니다. 특히 100세 시대에는 삶의 지속 가능성을 높이고 더 많은 행복을 찾기 위해 지속적인 학습과 개발이 필수적입니다.

제1항. 새로운 도전의 의미

가. 자기 성장을 위한 동기 부여

우리는 자연스럽게 안주하기 쉽습니다. 그러나 새로운 도전은 우리에게 자기 성장을 위한 강력한 동기 부여를 제공합니다. 새로운 분야에 도전하면서 우리는 자아의 한계를 시험하고, 새로운 역량을 개발하는 동안 내면에서 크게 성장할 수 있습니다. 이러한 도전 속에서 우리는 높은 목표를 설정하고, 그에 도달하기 위한 노력을 통해 내적인 성장을 이룰 수 있습니다.

나. 새로운 시각과 지식 획득

새로운 도전은 새로운 시각과 지식을 제공합니다. 새로운 분야에 도전함으로써 우리는 이전에 경험하지 못한 다양한 상황과 인사이트를 얻게 됩니다. 이는 우리의 지식 범위가 확장되고, 다양한 시각에서 문제를 바라보는 능력이 향상됩니다. 이러한 경험은 우리에게 더욱 풍부한 지식을 제공하며, 행복을 더 깊이 체험할 수 있게 합니다.

다. 도전을 통한 자신감의 강화

도전은 자신감을 강화하는 데에도 큰 역할을 합니다. 어려운 상황에 맞서 새로운 도전에 도전함으로써 우리는 자신에게 도전하는 능력과 자아를 발견하게 됩니다. 이는 자신에 대한 확신을 높이고, 어떠한 어려움에도 굴하지 않는 강인한 마음가짐을 형성하는 데에 도움이 됩니다.

제2항. 지속적인 발전의 중요성

가. 삶의 목적을 찾아가는 과정

지속적인 발전은 우리의 삶에 목적을 부여하는 과정입니다. 끊임없이 새로운 것을 배우고 성장함으로써 우리는 자신의 역량과 가능성을 최대한 발휘하게 됩니다. 이는 우리가 삶의 목적을 찾아가는 과정에서 중요한 원동력이 되며, 목표를 향해 나아가는 동력이 되어 줍니다.

나. 융화와 창의성의 확장

지속적인 발전은 융화와 창의성의 영역을 확장시킵니다. 새로운 도전을 통해 우리는 다양한 분야에서의 지식을 융합하고 새로운 아이디어를 창출하는 능력을 기를 수 있습니다. 이는 창의성을 향상시키며, 다양한 분야에서의 문제 해결 능력을 키우는 데에 도움이 됩니다.

다. 인간관계와 연결의 강화

새로운 도전과 발전은 우리의 인간관계와 연결을 강화시킵니다. 공동의 목표를 향해 함께 노력하고 성장하는 과정에서 우리는 동료들과의 유대감을 형성하게 됩니다. 이는 우리의 사회적 지지 체계를 강화하고, 행복을 나누며 더 풍요로운 인간관계를 형성하는 데에 도움이 됩니다.

제3항. 실천 가능한 방안

가. 목표 달성을 위한 계획 수립

새로운 도전을 통한 발전은 목표 달성을 위한 계획 수립으로 시작됩니다. 명확한 목표와 계획은 우리에게 새로운 도전에 대한 준비를 하게 하며, 불필요한 혼란을 방지하여 효율적인 성장을 가능케 합니다.

나. 지속적인 학습과 역량 개발

새로운 것을 배우고 성장하기 위해서는 지속적인 학습과 역량 개발이 필수적입니다. 독서, 온라인 강의, 교육 프로그램 등을 통해 지속적인 학습의 습관을 형성하고, 새로운 기술이나 지식을 습득하여 역량을 강화하는 것이 중요합니다.

다. 새로운 도전 수용의 마음가짐

새로운 도전을 위해서는 열린 마음가짐이 필요합니다. 새로운 아이디어나 관점에 대한 거부감을 버리고, 새로운 도전을 수용하는 자세가 우리를 성장시키고 행복으로 이끕니다.

끊임없는 도전과 발전은 우리가 행복과 성공을 찾아가는 길 중 하나입니다. 자기 성장과 새로운 지식의 습득을 통해 우리는 더 나은 버전의 자신을 찾을 수 있으며, 지속적인 발전은 삶의 목적을 찾아가는 과정에서 큰 의미를 부여합니다. 실천 가능한 방안을 통해 새로운 도전에 대비하고, 발전을 위한 노력을 게을리하지 않는다면, 우리는 행복한 100세 삶을 더욱 풍요롭게 살아갈 수 있을 것입니다.

제3절. 꿈과 목표를 향한 지속적인 노력

인생의 여정은 꿈을 향해 나아가는 순간들로 가득합니다. 그러나 꿈을 이루기 위해서는 단순한 희망이 아니라 지속적인 노력이 필요합니다. 이 노력을 통해 우리는 목표를 달성하며 성취의 즐거움을 맛보고, 행복한 삶을 향한 길을 걸어갑니다.

제1항. 꿈과 목표의 중요성

가. 삶에 의미를 부여하는 원동력

꿈과 목표는 우리에게 삶에 의미를 부여하는 원동력입니다. 목표를 향해 노력하고 성취함으로써 우리는 일상의 단순한 루틴에서 벗어나며 삶의 깊은 의미를 찾게 됩니다. 꿈과 목표는 우리에게 높은 목표를 향해 나아가는 동기와 열정을 제공하며, 이는 행복을 찾는 여정의 중요한 출발점이 됩니다.

나. 자아실현과 성취의 즐거움

꿈과 목표를 향한 지속적인 노력은 자아실현과 성취의 즐거움을 가져다줍니다. 목표를 달성함으로써 우리는 자신의 능력을 최대한 발휘하게 되며, 이는 자아실현의 과정으로 연결됩니다. 성취의 즐거움은 우리가 힘들게 노력한 끝에 얻게 되는 보상으로, 이로써 우리는 행복한 순간을 경험하게 됩니다.

다. 지속적인 성장과 발전

꿈과 목표는 우리에게 지속적인 성장과 발전을 가능케 합니다. 목표를 향해 노력하고 이를 달성함으로써 우리는 새로운 경험을 쌓으며, 새로운 역량을 개발하게 됩니다. 이는 우리의 개인적이고 직업적인 성장을 촉진하며, 행복을 찾는 여정에서 지속적인 변화와 발전의 중요성을 강조합니다.

제2항. 지속적인 노력의 의미

가. 목표 달성을 위한 인내와 끈기

지속적인 노력은 목표 달성을 위한 인내와 끈기를 의미합니다. 꿈과 목표를 향해 노력할 때 우리는 어려움과 실패를 마주하게 되는데, 이를 극복하고 목표를 향해 나아가기 위해서는 인내와 끈기가 필요합니다. 이러한 노력을 통해 우리는 자신에게 도전하고, 어떠한 상황에서도 굴하지 않는 강인한 의지를 형성하게 됩니다.

나. 높은 목표를 향한 자기 동기 부여

지속적인 노력은 높은 목표를 향한 자기 동기 부여를 의미합니다. 목표를 달성하기 위해서는 지속적으로 노력하고 계속해서 자기 자신에게 도전해야 합니다. 이러한 동기 부여는 우리에게 목표를 향해 나아가는 원동력을 제공하며, 어려운 시기에도 희망을 잃지 않고 계속해서 노력하게 만듭니다.

다. 개인적 성장과 자아개발의 수단

지속적인 노력은 개인적 성장과 자아개발의 수단이 됩니다. 꾸준한 노력을 통해 우리는 능력을 향상시키고, 새로운 기술을 습득하며, 더 나은 버전의 자신을 만들어 갑니다. 이는 우리가 지속적으로 성장하고 발전하는 데에 필요한 도구로 작용하며, 행복한 인생을 살아가는 기반을 제공합니다.

제3항. 실천 가능한 방안

가. 목표의 명확한 설정과 계획 수립

지속적인 노력을 통한 꿈과 목표 달성은 목표의 명확한 설정과 계획 수립으로부터 시작됩니다. 목표가 명확하고 구체적으로 설정되면, 우리는 어떤 노력을 기울여야 할지를 명확히 인지할 수 있습니다. 이후에는 계획을 세워 단계적으로 목표를 향해 나아갈 수 있습니다.

나. 지속적인 학습과 개발

목표를 향한 노력은 지속적인 학습과 개발을 필요로 합니다. 목표를 달성하기 위해서는 새로운 지식을 습득하고, 필요한 기술을 개발하는 등의 지속적인 노력이 필요합니다. 이를 통해 목표에 필요한 역량을 강화하고, 지속적인 성장을 이룰 수 있습니다.

다. 실패와 어려움에 대한 긍정적인 마인드셋

지속적인 노력은 실패와 어려움에 대한 긍정적인 마인드셋을 필요로 합니다. 모든 노력이 성공으로 이어지지 않을 수 있고, 어려움에 부딪힐 수 있습니다. 그러나 이를 긍정적인 학습 기회로 인식하고, 실패에서 배우며 나아가는 긍정적인 마음가짐이 중요합니다.

　꿈과 목표를 향한 지속적인 노력은 우리에게 삶의 의미와 행복을 제공하는 중요한 과정입니다. 목표를 향해 노력함으로써 우리는 자아실현과 성취의 즐거움을 맛보고, 지속적인 성장과 발전을 이룰 수 있습니다. 실천 가능한 방안을 통해 목표를 설정하고 이를 향해 끊임없이 노력하는 습관을 기르면, 우리는 보다 의미 있는 삶을 살아가며 행복을 찾을 것입니다. 이는 100세 시대에 더욱 의미 있는 삶을 살아가는 데에 큰 도움이 될 것입니다.

제4절. 학습의 즐거움과 인생의 풍요로움

우리의 삶은 항상 변화하고, 새로운 도전에 맞서고, 지속적으로 성장하는 여정입니다. 이 여정에서 학습은 우리에게 끊임없는 탐구와 성장의 기회를 제공합니다. 머지않은 미래, 우리는 행복과 풍요로움을 찾기 위해 학습의 길을 선택하고, 새로운 지식과 경험을 통해 더욱 풍요로운 인생을 만들어 나갈 것입니다.

제1항. 학습과 지식의 힘

가. 끊임없는 탐구와 성장

우리는 언제나 새로운 것을 탐험하고, 성장의 기회를 찾는 자세를 갖고 있습니다. 학습은 이 끊임없는 탐구와 성장의 과정에서 주요한 역할을 합니다. 새로운 지식을 습득하고, 새로운 기술을 익힘으로써 우리는 지적으로 성장하게 되며, 이는 삶의 더 높은 차원에서의 이해와 인식을 확장시키는 데 큰 역할을 합니다. 학습을 통해 우리는 우리 자신에게 더 많은 가능성을 보게 되고, 세계와 더 깊이 소통할 수 있는 열쇠를 얻게 됩니다.

나. 자아계발과 자기만족의 원동력

학습은 우리를 자아계발과 자기만족의 여정으로 인도합니다. 새로운 기술을 습득하거나, 어려운 주제에 도전함으로써 우리는 자아실현의 길을 걷게 되며, 이는 자기만족과 성취의 즐거움으로 이어집니다. 학습은 우리 자신을 발견하고 개발하는 과정에서 나오는 성취감과 만족감을 통해 행복한 일상을 창조하는 데에 중요한 역할을 합니다. 또한, 자아계발은 우리에게 자신에 대한 더 높은 수준의 이해와 수용력을 부여하며, 이는 인생의 여러 영역에서 긍정적인 영향을 미칩니다.

다. 문제 해결 능력과 창의성 강화

학습은 문제 해결 능력과 창의성을 강화하는 데에 중요한 역할을 합니다. 새로운 지식과 경험을 토대로 우리는 다양한 문제에 대처하고 창의적인 해결책을 도출할 수 있습니다. 이는 우리의 일상생활뿐만 아니라 직장에서도 큰 가치를 가지며, 새로운 도전에 대한 두려움을 극복하는 데에 도움을 줍니다. 학습을 통해 강화된 창의성은 우리를 새로운 아이디어와 혁신으로 이끌어 내어, 풍요로운 인생을 설계하는 데에 필요한 역량으로 작용합니다.

제2항. 학습의 즐거움과 행복

가. 호기심과 놀라움의 발견

학습의 즐거움은 호기심과 놀라움에서 시작됩니다. 우리는 언제나 호기심을 충족시키고, 세계의 미스터리를 해결하는 새로운 기쁨을 찾기 위해 노력합니다. 새로운 분야에 발을 디딘 순간, 우리는 무한한 지식의 세계에서 우리만의 보물을 찾아내는 것처럼 느낄 수 있습니다. 이는 일상의 루틴에서 벗어나 여유로움을 찾는 과정으로 이어져, 우리에게 더 풍요로운 삶을 선사합니다.

나. 자기 계발의 만족과 성취감

학습의 즐거움은 자기 계발의 만족과 성취감으로도 이어집니다. 어려운 주제를 이해하고, 실력을 향상시키는 과정에서 우리는 자신의 성장을 목격하게 되며, 이는 자기 자신에게 대한 긍정적인 자아 인식을 형성합니다. 학습을 통해 느끼는 성취감은 우리를 자신감 있게 만들어 주고, 삶에 의미와 가치를 부여하는 데에 큰 역할을 합니다. 또한, 이러한 성취는 우리의 일상을 더욱 향상시켜 나가는 동기를 부여하여, 행복한 일상을 구축하는 기반이 됩니다.

다. 삶의 목적과 의미의 탐색

학습의 즐거움은 삶의 목적과 의미를 탐색하는 데에도 도움을 줍니다. 새로운 지식을 습득하고 세계를 더 깊이 이해함으로써, 우리는 삶의 의미를 찾아가는 여정에 참여하게 됩니다. 학습은 우리에게 삶의 방향성을 제시하고, 더 큰 목표를 향해 나아가는 동력을 부여하여 행복한 삶을 창조할 수 있도록 돕습니다. 또한, 이러한 목표를 향한 학습의 여정은 우리에게 깊은 만족감을 주고, 일상의 소소한 순간들을 더욱 의미 있게 만들어 줍니다.

제3항. 학습의 풍요로움

가. 지식의 다양한 활용

학습은 우리에게 지식의 다양한 활용을 허용합니다. 새로운 지식과 기술을 활용함으로써, 우리는 삶의 여러 영역에서 창의적으로 문제를 해결하고, 목표를 더 효과적으로 달성할 수 있습니다. 지식의 다양한 활용은 우리의 삶을 더욱 풍요롭게 만들어 주며, 행복한 일상을 조성하는 데에 필수적입니다. 또한, 이러한 활용은 우리의 미래를 위한 준비를 강화하고, 더 안정적이고 풍요로운 삶을 설계하는 데에 큰 역할을 합니다.

나. 인간관계의 풍성함

학습은 인간관계의 풍성함을 촉진합니다. 새로운 지식을 공유하고 함께 학습하는 과정에서, 우리는 다양한 사람들과 교류하며 새로운 친구를 만들 수 있습니다. 이는 우리에게 새로운 관점과 경험을 제공하며, 인간관계를 더욱 풍요롭게 유지할 수 있도록 도와줍니다. 인간관계의 풍성함은 우리에게 서로에게 영감을 주고, 공유하는 즐거움을 제공하여 행복한 삶을 살아가는 데에 필수적인 출발점이 됩니다.

다. 자기 계발의 기반

학습은 자기 계발의 기반을 형성합니다. 지속적인 학습을 통해 우리는 개인적 능력을 향상시키고, 새로운 기술을 습득함으로써 자신의 경쟁력을 유지하고 강화할 수 있습니다. 이는 우리에게 안정적이고 풍요로운 삶을 살아가는 데에 필요한 기반이 되어 줍니다. 자기 계발의 기반을 다지는 것은 우리에게 개인적 성공과 행복을 찾아가는 길에서 핵심적인 역할을 합니다.

학습의 즐거움과 인생의 풍요로움은 밀접한 관련이 있습니다. 학습은 우리에게 성장과 인지적 풍요를 제공하면서 동시에 자기 계발과 행복의 문을 엽니다. 새로운 지식을 습득하고 성취를 이루는 과정에서 우리는 풍요로운 인생을 살아가는 힘을 얻게 됩니다. 지속적인 학습의 중요성을 깨닫고, 즐겁게 배우며 성장하는 습관을 길러가면서, 우리는 행복하고 의미 있는 삶을 창조해 나갈 것입니다. 언제나 호기심을 가지고 더 나은 자신을 위한 여정을 떠나며, 무한한 지식의 바다에서 더 풍요로운 인생을 발견해 나가길 기대합니다.

제5절. 목표 달성과 성취를 통한 내적 풍요

인생은 마치 우리가 정한 항로를 따라 항해하는 선박과 같습니다. 그 항로를 정하고, 목표를 향해 달려가는 여정은 우리에게 내적인 풍요를 안겨 줍니다. 이번 절에서는 목표를 설정하고, 그것을 향해 나아가며 성취를 이루는 과정에서 어떠한 가치와 행복이 숨겨져 있는지 살펴보겠습니다.

제1항. 목표의 중요성

가. 목표가 제공하는 방향성

목표는 우리 삶에 방향성을 부여합니다. 어디로 향해야 할지를 명확히 인지하고, 그 방향으로 나아가기 위해 목표를 설정함으로써 우리는 삶의 항로에서 더욱 명확한 방향을 찾을 수 있습니다. 마치 항해사가 별을 이용하여 선박의 방향을 정하는 것과 같습니다. 목표를 설정함으로써 우리는 더 나은 미래를 향해 항해할 수 있는 지침서를 가지게 됩니다.

나. 목표의 동기 부여 효과

목표는 동기 부여의 원동력이 됩니다. 목표를 향해 나아가는 욕구는 더 큰 노력과 헌신을 유발합니다. 목표를 향한 도전은 우리에게 자신을 뛰어넘을 수 있는 힘을 부여하며, 어려움에 부딪혔을 때도 힘을 내어 주는 동기 부여 효과를 지니고 있습니다. 목표를 가지고 나아가는 과정에서 우리는 우리 자신에게 필요한 끈기와 힘을 발휘할 수 있습니다.

다. 목표의 자기 성취와 만족

목표를 달성하고 성취하면 그 자체로 큰 만족감을 느낄 수 있습니다. 목표 달성은 우리의 노력과 헌신에 대한 보상이자, 자신감을 높이는 계기가 됩니다. 등산객이 정상에 도달했을 때의 성취감과 비슷하게, 목표를 향해 나아가는 여정은 우리에게 의미와 가치 있는 경험을 선사합니다. 목표를 달성함으로써 우리는 더 나은 버전의 자신을 찾게 되며, 이는 내적인 풍요로 이어집니다.

제2항. 목표 달성의 과정

가. 목표의 명확한 설정과 계획 수립

목표 달성의 핵심은 목표의 명확한 설정과 계획 수립에 있습니다. 목표를 명확하게 설정하면, 우리는 그 목표를 향해 나아가기 위해 필요한 단계들을 명확하게 인지할 수 있습니다. 이후에는 세부적인 계획을 수립하여 목표를 향해 나아갈 수 있습니다. 예를 들어, 건강을 증진하기 위해 운동을 시작한다면, 주 단위의 운동 계획을 세우고 목표 거리와 시간을 설정하여 목표 달성을 위한 첫걸음을 내디딜 수 있습니다.

나. 인내와 끈기의 중요성

목표를 향해 나아가는 과정에서 인내와 끈기는 매우 중요합니다. 어떤 목표라도 손쉽게 이루어지지 않는 현실을 알고 있어야 합니다. 어려움과 실패가 불가피할지라도, 인내와 끈기를 가지고 지속적으로 노력하는 것이 중요합니다. 이는 마치 작은 씨앗이 시간과 노력을 통해 큰 나무로 성장하는 것과 비슷합니다. 목표 달성은 한 번의 시도만으로 이루어지지 않을 수 있지만, 인내와 끈기를 가지고 여러 차례 시도하면 높은 성취감을 느낄 수 있습니다.

다. 실패에서의 교훈과 성장

목표를 향해 나아가다 보면 실패와 마주하게 될 때가 있습니다. 그러나 실패는 학습과 성장의 기회로 받아들일 수 있습니다. 실패에서 교훈을 얻고, 앞으로의 노력에 도움이 되는 방향으로 나아가는 것이 중요합니다. 이는 마치 실패를 통해 더 강해진 나무가 차후의 도전에 더 튼튼하게 대응하는 것과 비슷합니다.

제3항. 목표 달성과 내적 풍요

가. 성취의 자부심과 자신감

목표를 달성하면 그 성취는 우리에게 큰 자부심과 자신감을 선사합니다. 이는 마치 어려운 미로를 해결한 모험가가 얻는 만족감과 비슷합니다. 목표를 달성하면 우리는 자신의 능력에 대한 확신을 얻게 되며, 이는 삶의 다른 영역에서도 자신감을 키우는 데에 도움을 줍니다.

나. 목표 달성의 즐거움과 희열

목표를 향해 나아가다 보면 목표 달성의 순간이 흥미로우면서 즐거운 경험이 됩니다. 이는 마치 정상에 도달한 등산객이 느끼는 희열과 즐거움과 유사합니다. 목표를 이루고 나면 그 순간의 희열과 즐거움은 우리에게 큰 만족감을 선사하며, 이는 우리의 내적 풍요를 높이는 데에 큰 역할을 합니다.

다. 내적 풍요로 이어지는 행복한 삶

목표 달성과 성취는 우리에게 내적 풍요를 제공합니다. 내적 풍요는 단순한 물질적 풍요가 아니라, 우리의 내면에서 비롯되는 만족감과 안정감을 의미합니다. 목표를 달성함으로써 우리는 더 큰 목표를 향해 나아가기 위한 자신감과 동기 부여를 얻게 되며, 이를 통해 행복한 삶을 살아갈 수 있습니다.

목표 달성과 성취를 통한 내적 풍요는 우리의 삶에 큰 의미를 부여합니다. 목표를 향해 나아가는 과정에서 우리는 더 나은 자신을 발견하고, 어려움을 극복하는 능력을 키우며, 성취를 통해 자신에게 큰 자부심과 만족감을 선사받습니다. 이러한 내적 풍요는 우리가 행복하고 의미 있는 삶을 살아가도록 도와주며, 목표를 향한 끝없는 여정은 우리에게 무궁무진한 가능성을 열어 줍니다. 언제나 목표를 향해 도전하고, 성취의 세계에서 내적 풍요를 찾아가길 기대합니다. 이는 100세 시대에 더욱 의미 있는 삶을 살아가는 데에 큰 도움이 될 것입니다.

제6절. 자기 존중의 힘

우리의 삶은 마치 무한한 바다를 향해 향하는 항해와 같습니다. 이 바다에는 자기 사랑과 자기 존중이라는 두 강력한 파도가 우리를 안내하고 모양 잡는 중요한 존재로 자리하고 있습니다. 이번 절에서는 자기 사랑과 자기 존중의 힘에 대한 탐구를 통해 우리의 내면세계를 깊이 이해하고, 그 속에서 비롯되는 힘을 통해 어떻게 행복과 풍요로운 삶을 찾아갈 수 있는지 살펴보고자 합니다.

제1항. 자기 사랑의 근본

가. 자기 사랑의 본질과 중요성

자기 사랑은 우리 자신을 긍정적으로 인정하고 받아들이는 과정입니다. 이는 우리 내면의 나침반과 같아서, 삶의 항로에서 우리를 올바른 방향으로 안내해 줍니다. 자기 사랑은 우리가 어떤 어려운 상황에서도 스스로를 지지하고 격려할 수 있는 힘을 지닌 것으로, 마치 믿음직한 동반자와 함께하는 것과 같습니다.

나. 자기 사랑과 내면의 평화

자기 사랑은 내면의 평화를 찾아가는 길입니다. 우리가 스스로를 사랑하고 수용함으로써, 우리 내면에서 불안과 혼란이 사그라들고 평온함이 찾아옵니다. 자기 사랑은 마치 우리 내면에 감춰진 평화의 샘과 같아서, 우리가 어려움에 부딪혔을 때에도 내면에서 안정과 안락함을 찾을 수 있게 도와줍니다.

다. 자기 사랑의 성장과 유지

자기 사랑은 시간이 지남에 따라 성장하고 변화하는 과정입니다. 우리는 자아를 깊이 이해하고, 그 속에서 나타나는 다양한 면을 사랑하고 수용함으로써 자기 사랑을 유지해야 합니다. 이는 마치 아름다운 정원을 가꾸듯이, 자기 사랑은 꾸준한 관리와 주의를 필요로 합니다. 우리는 스스로에게 주기적으로 질문을 던지고, 내면의 목소리에 귀 기울이며, 우리 자신의 가치를 지속적으로 확인해야 합니다.

제2항. 자기 존중의 중요성

가. 자기 존중의 정의와 필요성

자기 존중은 우리가 가진 가치와 능력을 높이 평가하는 과정입니다. 이는 우리가 스스로를 존경하고 긍정적으로 인정하는 것으로, 마치 믿음직한 친구가 되어 우리 자신에게 고운 대우를 하는 것과 같습니다. 자기 존중은 마치 산봉우리에서 내려다보는 것처럼, 우리가 가진 고유한 능력을 신뢰하고 그 가치를 확인함으로써 우리의 내면에 자신감과 강도를 부여합니다.

나. 자기 존중과 대인 관계

자기 존중은 우리가 다른 사람들과의 관계에서도 중요한 역할을 합니다. 우리가 스스로를 존중하고 사랑할 때, 우리는 다른 이들과의 관계에서도 더욱 건강하고 긍정적인 태도를 유지할 수 있습니다. 마치 안정된 나무가 주변의 다양한 식물들에게 그늘과 보호를 제공하는 것과 같이, 자기 존중은 우리의 주변의 대인 관계에 긍정적인 파급효과를 가져옵니다.

다. 자기 존중과 성장

자기 존중은 우리의 성장과 발전과도 밀접한 관련이 있습니다. 우리가 스스로를 존중하고 가치를 높이 평가함으로써, 우리는 더 나은 버전의 자신을 찾아 나갈 동기를 얻게 됩니다. 이는 마치 꽃이 햇볕을 받아 성장하는 것과 유사하게, 자기 존중은 우리의 내면에서 새로운 가능성을 활성화시키며 성장을 촉진합니다.

제3항. 자아의 깊은 이해와 수용

가. 자아의 깊은 이해와 내면 성장

자기 사랑과 자기 존중의 힘은 자아의 깊은 이해와 수용에서 비롯됩니다. 우리는 자아의 깊은 영역을 탐험하고, 그 속에서 나타나는 다양한 감정과 경험을 이해함으로써 더욱 강력한 자기 사랑과 존중을 구축할 수 있습니다. 마치 깊은 바다의 풍부한 생태계를 연구함으로써 새로운 종을 발견하는 것과 같이, 자아의 깊은 이해는 우리의 내면에서 새로운 통찰력과 힘을 찾아내게 합니다.

나. 자아의 수용과 내면의 평화

자아의 수용은 우리가 가진 다양한 감정과 경험을 거부하지 않고 수용하는 것을 의미합니다. 이는 자기에게 부정적인 감정이나 경험에 대해 숨기지 않고 정면으로 다가서는 것과 관련이 있습니다. 자아의 수용은 우리가 성장하고 변화하는 데에 필수적인 단계 중 하나입니다. 마치 사계절의 변화 속에서 나무가 주름진 껍질을 넓혀 가는 것과 같이, 자아의 수용은 우리의 내면에서 새로운 가능성과 성장의 기회를 찾아내는 데에 도움을 줍니다.

자기 사랑과 자기 존중은 우리의 삶에 필수적인 힘으로 작용합니다. 이 두 가지 힘은 자아의 깊은 이해와 수용에서 비롯되며, 우리에게 더 나은 삶을 이끌어 가는 열쇠가 됩니다. 마치 강인한 나무가 깊은 뿌리를 갖고 성장하는 것과 같이, 우리는 자기 사랑과 자기 존중을 통해 내면의 깊은 곳에서 영감을 받아 성장할 수 있습니다. 이 두 힘을 지닌 채로 삶의 여정을 나아가면, 우리는 더욱 풍요로운 행복과 의미를 발견할 것입니다. 이제 자아의 세계를 탐험하고, 그 안에서 피어나는 자기 사랑과 존중을 믿어 나가는 여정을 시작해 봅시다. 이는 100세 시대에 더욱 의미 있는 삶을 살아가는 데에 큰 도움이 될 것입니다.

제5장

경제적 현실에서 찾는 행복

제1절. 경제적 안정과 행복

인생의 여정은 어떻게 경험하느냐에 따라 그 의미가 달라지는데, 그중에서도 경제적 안정은 많은 이들에게 더 나은 삶을 구축하는 과정에서 중요한 역할을 합니다. 이번 절에서는 경제적 현실에서 찾는 행복에 대한 깊은 고찰을 통해 돈과 행복의 관계를 논리적으로 탐구하고자 합니다.

제1항. 경제적 안정의 중요성

가. 돈의 본질적인 역할

돈은 단순히 지출과 수입을 균형 있게 유지하는 수단에 불과하지 않습니다. 돈은 우리 삶에서 광범위한 역할을 수행하며, 경제적 안정을 위한 필수적인 장치로 작용합니다. 생활비, 교육, 건강 관리 등 다양한 측면에서 돈은 우리의 기본적인 필요를 충족시키는 도구로 사용됩니다. 이는 단순히 물질적인 측면뿐만 아니라, 정신적 안정과도 연결되어 있습니다.

나. 돈의 역할을 넘어서

그러나 돈이 행복을 단순히 가져다주는 것은 아닙니다. 돈은 단순한 수단이 아니라, 다양한 기회와 선택의 폭을 제공하는 매개체로 작용합니다. 이는 돈이 행복의 기반을 이루어 낼 뿐만 아니라, 어떻게 돈을 활용하느냐에 따라 행복의 정도가 크게 달라질 수 있다는 의미입니다. 돈이 행복과 어떻게 연결되는지에 대한 깊은 이해가 필요합니다.

다. 경제적 안정과 행복의 연관성

경제적인 안정은 행복을 추구하는 여정에서의 출발점이 됩니다. 안정된 경제적 기반을 갖추면, 삶의 다양한 영역에서 행복을 실현하기 위한 자유와 여유를 얻을 수 있습니다. 일상적인 경제적 스트레스로부터 해방되면, 더 나은 삶의 질을 위해 노력하고 성취할 수 있는 여지가 확대됩니다. 따라서 경제적 안정은 행복을 추구하는 여정의 발판이 되어 줍니다.

제2항. 경제적 안정과 행복의 상관관계

가. 돈의 부재와 제한된 행복

돈의 부재는 행복을 제약하는 요소로 작용할 수 있습니다. 기본적인 욕구 충족을 위한 돈이 부족하면, 삶의 기본적인 요구를 충족시키기 어려워지고 이로 인해 스트레스와 불안이 증가할 수 있습니다. 경제적인 어려움은 행복을 추구하는 여정에서 큰 장애물로 나타날 수 있습니다. 따라서 돈의 부재는 행복의 근본적인 요소가 충족되지 않아 발생하는 문제에 직면하게 됩니다.

나. 돈과 행복의 균형

돈과 행복의 관계에서 균형을 찾는 것이 중요합니다. 돈은 행복을 추구하는 여정에서의 수단으로 작용하되, 그 자체가 목적이 되어서는 안 됩니다. 돈이 행복을 위한 도구로 작용하려면, 어떻게 사용되는지에 대한 신중한 고민이 필요합니다. 삶의 다양한 측면에서 행복을 찾기 위해서는 돈 외에도 여러 가지 측면에 주의를 기울이는 것이 필수적입니다.

다. 긍정적인 돈의 활용

돈을 긍정적으로 활용하는 것이 행복과의 관계를 강화시킵니다. 돈을 타인을 돕는 데 사용하거나, 사회에 기여하는 데 투자하면 자신의 삶이 더 큰 의미를 가질 수 있습니다. 또한, 돈을 통해 자기 계발에 투자하거나 새로운 경험을 쌓는 것도 행복을 추구하는 여정에서 중요한 부분입니다. 긍정적인 목표를 위해 돈을 사용하면, 자신뿐만 아니라 주변 사회에도 긍정적인 영향을 미칠 수 있습니다.

라. 돈과 행복의 상호 작용

돈과 행복의 관계는 상호적이고 조화로운 측면을 갖추고 있습니다. 돈은 행복을 위한 필수적인 도구로 작용하지만, 돈 자체만으로는 완전한 행복을 찾기 어렵습니다. 돈과 행복은 상호 보완적인 관계를 형성하며, 균형을 이루어야 합니다. 돈이 행복의 수단이 될 뿐, 그 자체가 목적이 되어서는 안 됩니다.

이상의 고찰을 통해 돈과 행복의 관계는 단순한 소비와 수입의 관계를 넘어서, 인간의 삶과 깊은 상호 작용을 이루고 있다는 점을 알 수 있습니다. 경제적 안정은 행복을 추구하는 여정에서 중요한 출발점이지만, 그 이후에도 돈을 통한 긍정적인 행동과 선택이 행복의 깊이를 더욱 풍부하게 만듭니다. 따라서 우리는 돈을 올바르게 활용하고, 행복을 다양한 측면에서 찾아가는 여정에서 돈이 가지는 실질적인 가치를 명심해야 합니다. 이는 100세 시대에 더욱 의미 있는 삶을 살아가는 데에 큰 도움이 될 것입니다.

제2절. 소비와 절약의 균형

인간의 삶은 복잡하고 다양한 측면으로 이루어져 있습니다. 그중에서도 경제적 측면은 우리의 삶을 근간부터 조작하는 핵심적인 영역 중 하나입니다. 이러한 경제적 현실에서 소비와 절약의 균형을 찾는 것은 행복을 추구하는 데 있어서 핵심적인 과제로 부상하고 있습니다.

제1항. 소비와 행복의 상관관계

가. 소비의 본질과 의미

우리의 일상에서 소비는 피할 수 없는 요소입니다. 음식과 음료를 맛보며, 생활용품을 구입하며, 경험을 쌓아 가는 과정에서 소비는 우리의 일상을 채워 나가는 중추적인 활동 중 하나입니다. 소비의 본질은 물질적인 만족뿐만 아니라, 심리적인 만족과도 깊게 연결되어 있습니다. 제품이나 경험을 소비함으로써 우리는 우리 자신과 다른 사람들과의 관계에서 더 깊은 의미를 발견하고, 삶의 풍요로움을 느낄 수 있습니다.

나. 소비와 행복의 연관성

소비와 행복은 긴밀한 연관성을 가지고 있습니다. 소비를 통해 우리는 즉각적인 만족과 함께 장기적인 행복을 찾을 수 있습니다. 특히, 경험적인 소비는 단순한 물질적 소비보다 더 깊은 의미와 풍요로움을 제공합니다. 여행이나 문화적인 활동과 같은 경험을 통해 얻는 행복은 그 경험의 가치에 더 큰 중점을 둠으로써 더 오래갈 수 있습니다. 이러한 의미에서 소비는 행복을 실현하는 주요한 도구로 작용합니다.

다. 소비와 낭비의 경계

그러나 소비에는 지나친 낭비와 함께 부정적인 면이 존재합니다. 무분별한 소비는 금전적인 손실뿐만 아니라, 환경 파괴와 같은 사회적 문제를 야기할 수 있습니다. 따라서 소비의 효율성과 지속 가능성을 고려하는 것이 필요합니다. 지나치게 낭비하는 것이 아니라 지속 가능하고 효율적인 소비 습관을 통해, 우리는 적절한 소비의 경계를 유지하면서도 행복을 추구할 수 있습니다.

제2항. 소비와 절약과 행복의 조화

가. 소비의 즐거움과 행복

소비의 중요한 측면 중 하나는 그 자체로서의 즐거움입니다. 제품이나 경험을 구매하는 과정은 기대감과 만족감을 동반하며, 이러한 감정은 우리의 행복을 촉진시킵니다. 소비의 즐거움은 단순히 물건을 소비하는 것 이상으로, 그 경험과 기억을 통해 행복을 창출합니다. 이는 과거의 경험을 회상하며 새로운 기쁨을 느끼는 '선행복'의 일부분이 됩니다.

나. 소비와 행복의 균형

소비와 행복 사이에서는 균형을 찾는 것이 중요합니다. 지나치게 소비에 치우치면 금전적인 부담이나 쓸모없는 소비로 이어질 수 있습니다. 반면에 지나치게 절약에 치우치면 삶의 즐거움을 포기하게 되어 행복이 제한될 수 있습니다. 이는 개인의 가치관과 목표, 그리고 상황에 따라 다르지만, 소비와 절약의 균형을 찾아가는 것이 지속적인 행복을 실현하는 핵심입니다.

다. 지속 가능한 소비의 중요성

미래를 내다보며 지속 가능한 소비는 더욱 중요한 고려 사항이 됩니다. 자원의 절약과 환경 보호를 고려한 소비는 우리의 행복뿐만 아니라 지구 전체의 생태계에도 긍정적인 영향을 미칩니다. 즉, 우리의 소비 선택이 지속 가능성을 고려하면서 이루어진다면, 이는 단순히 개인의 행복뿐만 아니라 지구의 미래에 대한 책임감을 높일 수 있습니다.

라. 긍정적인 소비 습관

긍정적인 소비 습관은 행복의 기반을 형성하는 데에 큰 역할을 합니다. 불필요한 소비를 피하고 지속 가능한 제품이나 서비스를 선택함으로써, 우리는 더 나은 미래를 향한 발판을 마련할 수 있습니다. 또한, 소비의 즐거움을 중시하면서도 책임 있는 소비 행동을 통해, 우리는 개인적인 행복과 사회적 책임을 동시에 충족시킬 수 있습니다.

이상의 고찰을 통해 소비와 행복의 관계는 물질적인 만족만큼이나 심리적인 측면에서도 매우 중요하다는 것을 알 수 있습니다. 소비를 통해 창출되는 즐거움과 기쁨은 행복을 추구하는 여정에서 핵심적인 역할을 합니다. 그러나 지나치게 소비에 치우치면 안 되며, 지속 가능한 소비 습관을 통해 미래를 생각하는 시각을 가져야 합니다. 소비와 행복의 조화를 이루어 가면서, 우리는 더 풍요로운, 지속 가능하며 의미 있는 삶을 만들어 갈 수 있을 것입니다. 이는 100세 시대에 더욱 의미 있는 삶을 살아가는 데에 큰 도움이 될 것입니다.

제3절. 업무에서의 만족과 성취감

우리의 일상은 직장에서의 업무와 긴밀하게 얽혀 있습니다. 현대 조직에서 업무의 특성과 직원들의 행복 감정이 서로 상호 작용하면서 조직의 성과에 미치는 영향은 더욱 중요해지고 있습니다.

제1항. 조직에서의 행복의 중요성

가. 직원의 행복과 업무 효율성

조직 내에서 직원들이 행복을 느끼면, 그들은 더 높은 업무 효율성을 보일 가능성이 높습니다. 행복한 직원은 긍정적인 에너지와 창의성을 발휘하며 업무에 임하게 되어, 일의 질과 양을 높일 수 있습니다. 또한, 행복한 직원들은 자발적으로 더 나은 성과를 이루고자 하며, 조직의 목표에 대한 동기 부여가 강화됩니다.

나. 행복한 조직 문화의 형성

행복한 직원들이 모이면, 이는 행복한 조직 문화를 형성하게 됩니다. 이는 상호 존중과 협업을 촉진하며, 조직 내의 소통과 협력을 강화합니다. 행복한 조직 문화는 직원 간의 관계를 강화하고, 긍정적인 사회적 환경을 조성하여 조직의 업무 흐름을 원활하게 만듭니다.

다. 업무에서의 자기 계발과 성취

업무에서의 만족과 성취감은 직원의 자기 계발을 촉진합니다. 업무에서 성과를 이루고 성취를 느끼는 것은 개인의 역량과 능력을 향상시키는 과정으로 이어지며, 이는 장기적인 직무 만족도를 증진시킵니다. 만족한 직원은 동기 부여를 높이고 더 나은 성과를 이끌어 내기 위해 노력하게 됩니다.

라. 자기 효능감의 증진

업무에서의 성취는 직원의 자기 효능감을 높입니다. 성공적인 업무 수행은 자신의 능력을 인정받게 되어 자신감을 키우게 합니다. 이러한 자기 효능감은 업무에 대한 긍정적인 태도와 업무에 대한 도전을 두려워하지 않는 태도로 이어져, 조직의 성과에 긍정적인 영향을 미칩니다.

제2항. 조직에서의 행복과 조직 성과와의 상관관계

가. 행복한 직원과 조직의 성과

행복한 직원들은 조직의 성과에 긍정적인 영향을 미칩니다. 그들은 높은 업무 동기 부여를 갖추고 있어 더 나은 품질의 업무를 수행하며, 이는 조직의 제품과 서비스 품질을 향상시킵니다. 또한, 행복한 직원들은 더 높은 고객 만족도와 충성도를 이끌어 내어 조직의 경쟁력을 강화시킵니다.

나. 창의성과 혁신의 기반

행복한 조직 문화는 창의성과 혁신을 촉진합니다. 만족한 직원들은 자신의 아이디어를 자유롭게 표현하며, 조직 내에서 혁신적인 발상이 증진됩니다. 이는 조직이 변화에 적응하고, 새로운 아이디어와 기술을 도입하여 미래에 대비하는 데 도움을 줍니다.

다. 리더십의 역할

조직에서 행복과 성과의 조화를 이루기 위해서는 리더십의 중요성이 큽니다. 리더는 직원들에게 행복과 만족을 제공하는 동시에, 목표 달성과 성과 향상을 위한 동기 부여를 제공해야 합니다. 적절한 리더십은 조직 내의 긍정적인 분위기를 조성하고, 직원들이 자신의 업무에 자부심을 가지도록 도와줍니다.

라. 균형 잡힌 업무 환경 조성

행복과 성과의 조화를 위해서는 균형 잡힌 업무 환경이 필요합니다. 업무의 목표를 명확하게 전달하고, 동시에 직원들의 자기 계발을 존중하며 지원하는 환경이 조성되어야 합니다. 업무에서의 성취와 만족은 균형을 이루어 나가며, 이는 조직 전체의 성과를 향상시키는 중요한 요소가 됩니다.

조직에서의 행복과 성과는 상호 보완적인 요소로 작용합니다. 행복한 직원은 높은 업무 동기 부여와 긍정적인 조직 문화를 형성하며, 이는 조직의 성과 향상과 혁신을 이끌어 냅니다. 리더십의 지원과 균형 잡힌 업무 환경 조성은 행복과 성과의 조화를 높이는 데 핵심적인 역할을 합니다. 행복한 조직은 성공적인 미래를 준비하며, 직원들과 조직이 함께 성장하고 발전할 수 있는 토대를 제공합니다.

제4절. 여가와 휴식의 중요성

우리의 삶은 현대 사회의 고조된 속도와 끊임없는 변화에 따라 더욱 복잡해지고, 특히 경제적인 현실은 그 삶에 새로운 도전과 고민을 안겨 주고 있습니다. 이에 따라 여가와 휴식의 중요성은 더욱 부각되어 있습니다.

제1항. 여가의 역할과 중요성

가. 일상의 소소한 여유

여가는 삶의 소소한 순간들을 담당하는 특별한 영역입니다. 평범한 일상에서 조금의 여유를 만들고 마음의 여유를 찾는 것은 스트레스와 감정의 안정을 가져다줍니다. 이러한 소소한 여가는 작은 행복의 씨앗을 심어주며, 마음의 여유를 유지하는 데에 큰 도움이 됩니다.

나. 창의성과의 관계

여가는 창의성과 높은 상관관계를 가지고 있습니다. 일상에서 벗어나 자유로운 상태에서 창의적인 생각과 행동을 도와줍니다. 휴식과 여가를 통해 마음을 정화하면 새로운 아이디어가 떠오르고, 업무나 문제에 대한 창의적인 해결책을 찾을 수 있습니다.

다. 여가와 스트레스 해소

여가는 스트레스를 효과적으로 해소하는 수단 중 하나입니다. 취미나 운동, 문화 활동 등을 통해 마음을 정화하고 긍정적인 감정을 불러일으키면, 스트레스에 대한 저항력이 증가하게 됩니다. 여가를 통한 스트레스 해소는 심리적, 생리적인 측면에서도 건강에 긍정적인 효과를 가져옵니다.

제2항. 휴식의 본질과 중요성

가. 몸과 마음의 휴식

휴식은 몸과 마음을 회복시키는 핵심적인 역할을 합니다. 일상의 업무와 스트레스에서 벗어나는 것은 몸의 생리적인 리듬을 복원하고, 에너지를 충전하는 과정입니다. 충분한 휴식을 취하면 몸의 면역력이 증가하고, 정신적인 안정을 찾을 수 있습니다.

나. 창의성과 휴식

휴식은 창의성을 높이는 데에도 도움을 줍니다. 마음을 풀어놓고 여유를 가질 때, 새로운 아이디어가 떠오르고 문제에 대한 창의적인 해결책을 찾을 수 있습니다. 휴식을 통해 마음의 여유를 찾으면 일상에서는 놓칠 수 있는 창의성과 상상력을 키울 수 있습니다.

다. 소소한 여가 활동

여가는 반드시 큰 시간과 비용이 들어가야 하는 것은 아닙니다. 일상의 소소한 여가 활동을 통해 즐거움과 휴식을 찾을 수 있습니다. 책 읽기, 음악 감상, 산책 등 간단한 활동들이 일상에 새로운 활력을 불어넣어 줄 것입니다.

라. 계획적인 휴가

일상에서 벗어나 여가를 즐길 수 있는 계획적인 휴가도 중요합니다. 휴가를 통해 다양한 활동을 즐기고, 새로운 환경에서 여유로움을 느끼면 일상에 대한 지침을 효과적으로 풀 수 있습니다. 계획적인 휴가는 몸과 마음을 완전히 휴식시키고 에너지를 충전하는 기회를 제공합니다.

여가와 휴식은 우리의 삶에서 필수불가결한 부분입니다. 이는 스트레스를 관리하고 마음을 편안하게 하는 데에 큰 역할을 하며, 창의성과 행복을 촉진합니다. 일상의 소소한 여가부터 계획적인 휴가까지, 우리는 삶의 다양한 측면에서 여가와 휴식을 즐겨야 합니다. 이를 통해 우리는 더 풍요로운 삶을 살며, 지속적인 행복을 추구할 수 있을 것입니다. 이는 100세 시대에 더욱 의미 있는 삶을 살아가는 데에 큰 도움이 될 것입니다.

제5절. 일과 가정의 균형

인생의 여정에서 우리는 다양한 과제와 도전에 직면하게 됩니다. 특히 현대 사회에서는 경제적인 현실에 따른 삶의 복잡성이 더욱 증가하고 있습니다. 이런 현실에서의 도전 중 하나가 일과 가정 간의 균형을 유지하는 것입니다.

제1항. 일과 가정의 중요성

가. 현대 사회의 삶

현대인은 다양한 역할과 책임을 안고 살아가고 있습니다. 업무에서의 성과, 가정에서의 책임, 더불어 개인적인 욕망까지 각각의 부분에서 고민이 끊이지 않습니다. 특히 경제적인 현실은 두 가지 중요한 부분에서의 요구와 충돌을 불러일으키며, 이는 일과 가정 간의 균형을 찾는 데 있어 큰 도전으로 다가옵니다.

나. 일-가정 균형의 필요성

일과 가정은 우리 삶의 중심에 자리하고 있습니다. 그러나 이 둘 간의 균형이 깨질 경우, 우리는 스트레스와 불안에 휩싸일 수 있습니다. 일-가정 균형을 유지하는 것은 우리의 행복과 안정뿐만 아니라 가족 관계와 사회적 안정에도 긍정적인 영향을 미칩니다.

다. 우선순위와 계획

일과 가정의 요소 중 어떤 것이 가장 중요한지를 결정하고, 그에 따른 우선순위를 설정하는 것이 필요합니다. 효과적인 계획은 양쪽에서의 요구를 조절하면서도 스트레스를 최소화할 수 있는 방안을 제공합니다. 가족 행사와 업무 프로젝트와 같은 중요한 사항들 사이의 균형을 맞추기 위한 계획 수립은 핵심적인 전략입니다.

라. 유연성과 타협

계획은 언제나 완벽하게 실행되지 않을 수 있습니다. 이럴 때 유연성을 가지고 상황을 받아들이며 조절하는 것이 중요합니다. 가끔은 예상치 못한 일정의 변경과 타협이 필요할 수 있습니다. 엄격한 계획과 예상에 얽매이지 않고 유연하게 대처함으로써, 일과 가정 간의 균형을 유지할 수 있습니다.

제2항. 일과 가정의 조화 및 균형 전략

가. 개인의 행복

일과 가정의 조화는 개인의 행복에 직접적인 영향을 미칩니다. 업무에서의 성과를 달성하면서도 가정에서의 소중한 순간을 즐기는 것은 개인의 삶의 만족도를 높입니다. 이는 긍정적인 에너지를 제공하며, 일상의 어려움과 스트레스를 극복하는 데 큰 도움이 됩니다.

나. 가족 관계의 강화

가족은 우리 삶에서 가장 중요한 공동체 중 하나입니다. 일과 가정의 균형은 가족 관계를 강화하고 가정의 안정성을 증진시킵니다. 시간을 투자하고 소통하는 것은 가족 간의 유대감을 향상시키며, 각 개인이 서로를 이해하고 지원할 수 있는 환경을 조성합니다.

다. 직장 환경의 변화

현대의 직장은 유연성과 원격근무 등을 허용하며 일과 가정의 균형을 높일 수 있는 환경을 조성하고 있습니다. 이러한 변화를 적극적으로 활용하고, 조직 내에서 일과 가정의 조화를 지원하는 제도와 문화를 만들어 나가는 것이 중요합니다.

라. 개인의 습관과 태도

개인은 스스로의 습관과 태도를 통해 일과 가정의 균형을 이룰 수 있습니다. 효과적인 시간 관리, 목표 설정, 스트레스 관리 등의 습관을 형성하고 긍정적인 태도를 유지함으로써, 일과 가정 간의 균형을 유지할 수 있습니다.

일과 가정의 조화는 현대인의 삶에서 특히 중요한 과제 중 하나입니다. 이는 개인의 행복을 높이고, 가족 관계를 강화하며, 사회적 안정을 이루는 데에 기여합니다. 우리는 우선순위와 계획, 유연성과 타협을 통해 일과 가정의 균형을 찾을 수 있습니다. 또한, 조직과 개인의 노력을 통해 더 나은 일과 가정의 조화를 위한 환경을 만들어 나가야 합니다. 이는 100세 시대에 더욱 의미 있는 삶을 살아가는 데에 큰 도움이 될 것입니다.

제6절. 지속 가능한 경제와 행복

인간의 삶은 현대 사회에서 경제적 안정과 끊임없는 경제적 고민으로 둘러싸여 있습니다. 특히 경제적인 안정은 우리의 행복에 긍정적인 영향을 미치며, 이를 위해 투자와 재무 계획은 필수적인 고려 사항으로 부상하고 있습니다.

제1항. 경제적 현실과 행복의 상관관계

가. 경제적 현실의 복잡성

현대 사회에서는 미묘하면서도 복잡한 경제적 상황에 직면하고 있습니다. 개인과 가족은 수입, 소비, 저축, 투자 등 다양한 경제적인 측면에서의 결정을 내리고 있습니다. 이는 개인의 경제적인 안정에 직접적으로 영향을 미치며, 이에 대한 고민과 노력이 행복과 깊은 관련성을 맺고 있습니다.

나. 행복과 다양한 측면

행복은 단순히 재정적 안정만으로 측정되지 않습니다. 건강, 가족 관계, 사회적 연결성 등 여러 측면에서의 만족도가 함께 어우러져야만 전체적인 행복을 누릴 수 있습니다. 그러나 경제적 안정은 이 다양한 영역에 긍정적인 영향을 미칠 수 있으며, 이를 지속 가능하게 유지하기 위해서는 투자와 재무 계획이 큰 역할을 합니다.

제2항. 지속 가능한 경제와 행복 추구 전략

가. 재무 목표의 명확한 설정

지속 가능한 행복을 추구하기 위해서는 먼저 재무 목표를 명확하게 설정해야 합니다. 투자의 목적, 금융 목표, 경제적 안정성을 고려하여 개인의 욕망과 목표를 명확히 정의하는 것은 투자의 출발점입니다.

나. 예산 편성과 지출 관리

지속 가능한 행복을 위해서는 수입과 지출을 균형 있게 관리하는 것이 중요합니다. 예산을 편성하고 지출을 효과적으로 관리함으로써 재무적인 부담을 최소화하고 행복을 지속적으로 유지할 수 있습니다.

다. 환경과 사회적 책임 투자

지속 가능한 투자는 금융적인 성공만을 넘어서 환경과 사회에 대한 책임을 갖는 투자를 의미합니다. 이러한 투자는 지속 가능한 경제와 행복을 동시에 추구하는 방향으로 나아가는 데 큰 역할을 합니다.

라. 교육과 정보의 중요성

투자와 재무 계획에 대한 교육과 정보는 지속 가능한 경제와 행복을 이루기 위한 핵심입니다. 금융 리터러시를 향상시키고, 최신 경제 동향과 투자 전략에 대한 정보를 습득하는 것은 지속적인 경제적 행복을 지원합니다.

지속 가능한 경제와 행복은 심층적으로 연결된 주제입니다. 투자와 재무 계획은 이 두 가지를 동시에 추구할 수 있는 강력한 수단으로 작용합니다. 올바른 투자와 재무 전략을 통해 우리는 개인적인 경제적 안정성을 확보하면서도 사회와 환경에 대한 책임을 다할 수 있습니다. 이를 통해 우리는 더 나은 미래를 향해 나아가며, 지속적인 행복을 찾아갈 수 있을 것입니다. 이는 100세 시대에 더욱 의미 있는 삶을 살아가는 데에 큰 도움이 될 것입니다.

제6장

사회적 관계 속에서 찾는 행복

제1절. 가족과의 유대관계와 행복

가족은 우리 삶의 근간이자 고찰할 가치가 있는 유일한 관계 중 하나입니다. 그동안의 인생 여정에서 행복을 추구하는 데 있어서, 특히 가족과의 유대관계가 주는 영향은 무시할 수 없을 정도로 큽니다.

제1항. 가족의 중요성

가. 사랑의 기원

가족은 우리 인생의 시작과 함께하며, 그 안에서 가장 특별한 선물인 부모의 사랑을 받습니다. 이것은 말 그대로 '무조건적인 사랑'으로, 우리를 자아로 받아들이게 하고, 그 안에서 성장할 수 있는 안전한 공간을 제공합니다. 이는 우리가 자아 식별과 발전을 이루는 데에 중대한 역할을 합니다. 부모의 사랑은 우리에게 자신을 소중히 여길 수 있는 능력을 부여하며, 이는 자존감과 신뢰감의 형성에 기여합니다. 무엇보다, 이러한 안정된 기반 위에서 자라난 우리는 남에게 더 열린 마음과 긍정적인 태도를 갖게 되어, 사회적 관계에 큰 도움이 됩니다.

나. 가족과의 유대의 힘

가족과의 유대는 단순한 관계 이상으로, 시간이 지날수록 더욱 강화되는 고요한 힘을 지니고 있습니다. 가족 구성원끼리 함께 겪은 경험들은 강력한 연결고리를 형성하며, 이것이 우리를 특별하게 만듭니다. 이는 곧 우리가 속한 더 큰 사회와의 연결고리를 강화하고, 삶을 보다 풍요롭게 만드는 원동력이 됩니다. 이러한 유대는 우리에게 상호 의존성과 이해를 키워주는 역할을 합니다. 어떤 어려운 상황에서도 가족 간의 유대는 갈등을 극복하고 더 나은 관계로 나아갈 수 있는 힘을 부여합니다. 이는 각 구성원이 자신의 역할을 이해하고, 더 나아가 공동체 의식을 높여 가족이 하나로 더욱 단결되게 만듭니다.

제2항. 가족과의 유대관계와 행복의 연관성

가. 긍정적인 선순환

가족의 사랑과 유대는 우리 삶에 긍정적인 선순환을 일으킵니다. 이러한 선순환은 각 구성원이 행복을 공유하고 더 나은 삶을 추구함으로써 시작됩니다. 가족 구성원들 간의 서로 간 배려와 이해는 각자의 성취를 가치 있게 만들어, 행복한 가족 문화를 형성합니다. 뿐만 아니라, 가족 구성원들 간의 긍정적인 연결은 외부에서의 스트레스와 갈등에 대한 대비력을 높여 줍니다. 가족은 서로에게 지지의 손길을 더욱 크게 느낄 수 있으며, 어려운 시기에는 함께 어깨를 나눌 수 있는 동료가 됩니다. 이러한 상호 의존은 우리가 행복한 삶을 살아가는 데에 있어 중요한 기반이 됩니다.

나. 관계 강화를 향한 소통과 공동 목표

가족과의 관계를 강화하고 행복을 찾아가는 여정은 지속적인 노력과 상호 이해가 필요합니다. 소통은 가족 구성원들 간에 오해나 갈등을 미연에 방지하는 중요한 도구입니다. 열린 마음으로 소통하고 이해하는 능력을 키우면 가족은 서로에게 더욱 가까워질 수 있습니다. 또한, 가족 구성원들 간의 공동의 가치와 목표를 공유하는 것도 중요합니다. 이는 함께 성취할 수 있는 즐거움을 제공하며, 가족의 유대를 깊게 만들어 갑니다. 공동의 목표 달성은 가족 구성원들 간의 신뢰를 더욱 강화시킵니다.

가족은 우리 삶의 핵심에 자리한 축복받은 존재입니다. 그들과의 사랑과 유대는 행복을 찾아가는 여정에서 필수적인 재료입니다. 가족 간의 소통, 이해, 지지는 우리를 더 나은 삶으로 이끄는 길이며, 이는 우리가 100세에 이르는 오랜 인생 여정에서도 변하지 않는 힘이 될 것입니다. 우리는 가족과의 관계를 소중히 여기고, 그들과 함께하는 시간을 통해 행복과 안정을 찾아가야 합니다. 행복한 인생은 가족과 함께하는 순간에서 더욱 풍요로워지며, 그 여정 자체가 소중한 추억으로 기억될 것입니다. 가족의 사랑과 유대가 이끄는 길에서, 우리는 보다 의미 있는 삶을 살아갈 것입니다.

제2절. 친구와의 나눔과 소통

인생은 다양한 관계들과의 교류로 이루어져 있습니다. 그중에서도 친구와의 연결은 우리의 삶에 새로운 차원의 행복을 불러일으킵니다. 나눔과 소통이라는 키워드를 중심으로 논리적인 흐름 속에서 친구와의 연결이 우리에게 어떠한 변화를 가져오며, 이를 통해 우리의 삶을 어떻게 더욱 풍요롭게 만들 수 있는지 살펴보겠습니다.

제1항. 친구의 중요성

가. 나눔은 더 큰 행복 초래

친구와의 나눔은 서로에게 기쁨과 즐거움을 안겨 줍니다. 어려운 순간이나 기쁜 순간, 친구와 함께 나누는 경험은 더 큰 행복을 초래합니다. 서로의 이야기를 나누고 공감하는 것은 마음을 가볍게 만들어 주며, 공감의 순간은 우리를 더욱 가까이 묶어 줍니다.

나. 공감과 이해는 강한 유대 형성

친구와의 나눔을 통해 서로를 더 깊게 이해하고 공감하는 능력은 강한 유대를 형성하는 데에 중요한 역할을 합니다. 상대의 감정에 공감하고 이해하는 것은 서로 간의 신뢰를 쌓아 가게 하며, 이는 친구 사이의 연결을 더욱 깊게 만들어 줍니다. 이러한 강한 유대가 있으면 어떠한 상황에서도 서로에게 힘이 되어 줄 수 있습니다.

다. 소통은 관계 발전

친구와의 소통은 관계를 발전시키는 핵심적인 도구입니다. 서로에게 솔직하게 이야기하고 생각을 나눔으로써 서로를 더 잘 이해할 수 있게 됩니다. 소통은 오해와 거리를 줄이고, 서로에게 더 가까워질 수 있는 기회를 제공합니다.

제2항. 친구와의 나눔과 소통과 행복의 상관관계

가. 양방향 소통은 깊은 이해와 신뢰 형성

소통이 양방향으로 이루어질 때, 깊은 이해와 신뢰가 형성됩니다. 서로에게 열린 마음으로 이야기하고 듣는 것은 친구 간의 연결을 깊게 만들어주며, 이는 서로에게 더 큰 행복을 가져다줍니다. 또한, 소통을 통해 생긴 소중한 순간들은 추억으로 기억될 뿐만 아니라, 미래에도 지속적인 행복을 향한 길로 이어집니다.

나. 친구와의 연결은 삶의 질 향상

나눔과 소통을 통해 형성된 강한 유대는 우리의 삶의 질을 향상시킵니다. 서로에게 힘이 되어 주는 친구가 있다면, 어려움에 부딪혔을 때 그 어려움을 극복하는 데 더 큰 자신감을 가질 수 있습니다. 이는 우리가 더욱 강인하게 삶을 살아갈 수 있게 만들어 줍니다.

다. 긍정적인 영향 확산

친구와의 나눔과 소통은 우리 주변에 긍정적인 에너지를 확산시킵니다. 우리가 친구와 행복을 공유하고 서로에게 긍정적인 영향을 미치면, 이는 우리 주변의 다른 사람들에게도 긍정적인 파급효과를 가져옵니다. 따라서 친구와의 연결은 우리뿐만 아니라 우리 주변의 커뮤니티에도 긍정적인 변화를 일으킬 수 있는 힘을 지닌 것입니다.

친구와의 소중한 연결은 우리 인생에 행복의 씨앗을 심어 줍니다. 나눔과 소통을 통해 형성되는 친구와의 연결은 우리를 더 나은 방향으로 이끄는 동력이자, 어려움을 극복하는 데 필수적인 지원 체계입니다. 서로에게 기쁨과 희망을 주는 친구와의 연결은 우리 삶을 더욱 풍요롭게 만들어 줄 것이며, 그 소중한 연결이 우리의 100세 인생 여정에서도 변함없는 힘이 되어 줄 것입니다. 나눔과 소통을 기반으로 한 친구와의 연결은 우리에게 지속적인 행복을 안겨 주며, 이는 우리가 100세 인생 여정에서도 행복한 삶을 살아갈 수 있는 축복된 길이 될 것입니다.

제3절. 동행하는 이웃과 공동체와의 소통

인간은 사회적 동물로서 다양한 관계와의 상호 작용을 통해 행복을 찾아갑니다. 특히 이웃과의 동행, 그리고 공동체와의 소통은 우리의 삶에 특별한 의미를 부여하며, 사랑과 이해로 충만한 인간관계를 형성하는 데 큰 역할을 합니다.

제1항. 이웃과 공동체의 중요성

가. 이웃 관계의 중요성

우리가 살아가는 지역의 이웃들과의 관계는 우리의 삶에 큰 영향을 미칩니다. 이웃들과의 유대감은 안전한 사회를 형성하고, 서로에게 지지와 도움을 주고받는 중요한 기회를 제공합니다. 이러한 상호 작용은 우리를 더욱 강하게 만들어 주며, 지역 사회의 일원으로서 소속감을 느끼게 합니다.

나. 이웃과의 소통으로 형성되는 지역 사회

이웃과의 소통은 지역 사회를 형성하는 핵심적인 요소입니다. 소소한 대화나 서로에게 관심을 표하는 행동은 지역 사회를 활성화시키고 이를 통해 서로에게 도움이 되는 공동체를 만들어 냅니다. 이러한 소통은 곧 우리가 속한 지역 사회에 대한 애착을 강화시키며, 이웃들과의 유대관계가 삶에 긍정적인 기여를 하는 것입니다.

다. 공동체의 역할

공동체는 우리의 삶에 깊은 의미를 부여하고, 서로 협력하여 발전할 수 있는 기반이 됩니다. 공동체의 일원으로서 우리는 서로에게 지원의 손길을 더욱 크게 느낄 수 있으며, 공동의 목표를 향해 나아가는 동기 부여를 얻을 수 있습니다. 이는 우리가 공동체의 일원으로서 기여함으로써 더욱 강한 연결을 형성하게 되고, 이로써 풍요로운 인간관계를 키우게 됩니다.

제2항. 이웃과 공동체와의 소통과 행복의 상관관계

가. 사랑과 이해를 통한 소통

공동체 소통은 사랑과 이해를 기반으로 합니다. 서로를 존중하고 이해하는 과정에서 충돌이나 갈등을 해결하고, 공동체 내에서 조화롭게 살아가는 데에 중요한 역할을 합니다. 이는 우리가 서로에게 주는 지지와 관심이 곧 사랑과 이해를 불러일으키며, 이는 우리의 공동체에 긍정적인 흐름을 불러옵니다.

나. 이웃과의 사랑과 이해

이웃과의 연결에서 사랑과 이해는 핵심적인 가치입니다. 서로를 사랑하고 이해함으로써 이웃과의 관계는 보다 깊고 의미 있어지며, 이는 지역 사회에 긍정적인 영향을 미칩니다. 이웃들과의 관계가 사랑과 이해에 기반할 때, 우리는 서로에게 지속적인 지지를 제공하고, 공동체 내에서 강한 유대를 형성합니다.

다. 공동체 소통의 효과

공동체 소통은 서로에게 사랑과 이해를 심어 줍니다. 공동체 구성원들 간의 소통은 서로의 다양성을 받아들이고 존중함으로써 단절을 초래할 수 있는 갈등을 예방합니다. 이는 공동체 내에서 긍정적인 상호 작용을 유도하며, 사랑과 이해가 형성되는 과정에서 공동체가 더욱 풍요로워지는 것을 의미합니다.

동행하는 이웃과의 연결, 그리고 공동체와의 소통은 우리의 삶에 깊은 행복을 안겨 줍니다. 이웃과의 연결을 통해 지역 사회를 활성화시키며, 공동체와의 소통은 사랑과 이해를 충만하게 만듭니다. 서로에게 주는 지지와 관심이 우리의 공동체에 긍정적인 흐름을 불러오며, 이는 우리의 삶을 풍요롭게 만들어 줄 것입니다. 이러한 과정에서 우리는 서로를 이해하고 사랑하는 인간관계를 형성하게 되고, 이는 결국 우리의 100세 인생 여정에서도 변하지 않는 행복의 근원이 될 것입니다. 사랑과 이해의 공동체 소통은 우리에게 무한한 행복을 선사할 것이며, 이는 우리가 행복하고 의미 있는 삶을 살아갈 수 있는 지름길임을 의미합니다.

제4절. 사회 참여와 공동체 기여의 행복

우리의 삶은 사회적인 상호 작용의 연속체입니다. 이것이 얼마나 풍요로움을 창출하며 행복을 도출할 수 있는지를 탐구하는 것은 끊임없는 과제입니다. 특히 사회 참여와 공동체 기여는 행복의 기반을 형성하는 중추적인 원리입니다. 이번 절에서는 사회 참여가 어떻게 우리의 행복에 기여하고, 공동체에 기여함으로써 어떻게 보다 풍요로운 삶을 살아갈 수 있는지를 탐구해 보고자 합니다.

제1항. 사회 참여와 공동체 기여의 중요성

가. 사회 참여의 정의와 의미

사회 참여란 우리가 속한 공동체와 상호 작용하며 참여하는 활동의 범주를 나타냅니다. 이는 단순한 활동 참여 이상으로 우리의 정서적, 사회적 만족도를 높여 주는 힘이 담겨 있습니다. 다양한 활동에 참여하면서 우리는 삶에 대한 새로운 시각을 얻게 되고, 이는 우리의 행복에 긍정적인 영향을 미치는 것입니다.

나. 사회 참여와 정서적 만족도

사회 참여는 우리의 정서적 만족도를 높이는 데에도 기여합니다. 다양한 사회적 활동에 참여하면서 우리는 자신의 능력을 발휘하고, 존중받는 느낌을 얻습니다. 이는 우리가 속한 공동체에서 의미 있는 존재임을 느끼게 하며, 이는 결국 내적인 만족감을 증진시키는 역할을 합니다.

다. 공동체 기여와 자아실현

공동체에 기여함으로써 우리는 자아실현의 기회를 얻게 됩니다. 우리의 개인적인 능력과 역량을 공동체에 기여함으로써 우리는 큰 목표를 향해 나아가게 되며, 이는 우리의 성장과 발전을 촉진시킵니다. 공동체에 기여하는 행위는 우리 스스로를 더 나은 사람으로 만들어 가는 과정을 의미합니다.

라. 공동체 기여와 연대감

다른 이들을 돕고 공동체에 기여함으로써 우리는 연대감을 느낄 수 있습니다. 우리의 노력과 기여가 공동체에 긍정적인 영향을 끼치면, 이는 우리에게 자부심을 안겨 주고, 동시에 공동체의 번영에 이바지합니다. 공동체 기여는 우리가 속한 집단과의 조화된 관계를 형성하는 데에 중요한 역할을 합니다.

제2항. 사회 참여와 공동체 기여와 행복의 상관관계

가. 사회 참여와 행복

사회 참여는 행복을 찾는 과정에서 중요한 도구입니다. 다양한 활동에 참여하면서 우리는 다양한 경험을 쌓고, 새로운 인연을 만나는 등의 과정을 통해 내면 성장을 이룰 수 있습니다. 이러한 활동들은 우리에게 행복과 안정감을 선사합니다.

나. 공동체 기여와 풍요로운 삶

공동체에 기여하는 행위는 우리의 삶을 더 풍요롭게 만듭니다. 우리의 노력과 기여가 공동체에 긍정적인 영향을 끼치면, 이는 우리 스스로에게도 풍요로운 보답을 가져옵니다. 공동체의 발전에 일조함으로써 우리는 공동체의 일원으로서 자부심을 느끼게 되며, 이는 우리의 행복을 극대화시키는 과정으로 작용합니다.

사회 참여와 공동체 기여는 우리의 행복을 극대화시키는 핵심적인 도구입니다. 사회 참여를 통해 우리는 다양한 경험과 인연을 만나며, 내면에서의 성장을 이루게 됩니다. 또한, 공동체에 기여함으로써 우리는 자아실현의 기회를 얻고, 동시에 연대감을 느끼게 됩니다. 이러한 과정은 우리의 행복을 증진시키는 동시에, 공동체의 번영에도 기여하는 것입니다. 사회 참여와 공동체 기여는 우리의 100세 인생 여정에서도 계속해서 의미 있는 행복을 창출할 것입니다. 이는 우리가 속한 사회 구성원으로서 더 나은 미래를 향해 나아가기 위해 책임감을 가지고, 다양한 방식으로 기여함으로써 이루어질 것입니다. 이러한 노력은 우리 개인뿐만 아니라 사회 전체에 긍정적인 변화를 가져올 것이며, 결과적으로는 풍요로운 행복의 100세 삶을 즐길 수 있게 될 것입니다.

제5절. 사회적 책임과 행복의 공동 목표

우리의 삶은 더 큰 의미를 찾아 나아가는 여정입니다. 특히 사회적 관계 속에서 행복을 찾기 위해선 우리가 지닌 사회적 책임이 어떻게 우리 개인의 행복과 결합되며, 이를 통해 어떤 이점이 기대되는지를 탐구하는 것이 중요합니다.

제1항. 사회적 책임의 중요성

가. 사회적 책임의 본질

사회적 책임이란 우리가 속한 사회나 공동체에 대한 책임과 의무를 의미합니다. 이것은 단순한 윤리적인 행동이 넘어서, 개인의 선택이 주변 환경이나 타인에 미치는 영향을 고려한다는 개념을 내포하고 있습니다.

나. 사회적 책임의 중요성

사회적 책임은 우리의 삶을 더 큰 맥락에서 이해하고, 지속적이고 건강한 사회의 기반을 형성하는 중요한 요소입니다. 우리의 행동과 결정이 주변 사회에 미치는 영향을 고려함으로써 우리는 보다 지속 가능하고 긍정적인 효과를 낳을 수 있습니다.

다. 기업의 역할

현대 사회에서는 기업이 사회적 책임을 다하는 것이 강조되고 있습니다. 기업이 이윤 추구뿐만 아니라 환경, 노동 조건, 윤리적 측면에서도 책임을 다해야 한다는 것은 소비자뿐만 아니라 기업의 장기적인 지속 가능성에도 긍정적인 영향을 미칩니다.

라. 정부와 공공기관의 역할

정부와 공공기관도 사회적 책임을 다하는 데에 큰 역할을 갖고 있습니다. 공공서비스의 효율성과 투명성은 시민들에게 신뢰를 줄 뿐만 아니라, 사회 전체에 공정한 기회와 혜택을 제공합니다.

제2항. 사회적 책임과 행복의 연관성

가. 사회적 책임과 개인 행복의 교차점

사회적 책임은 우리 개인의 행복과 긴밀한 관련이 있습니다. 어떤 개인이 타인을 도우며 사회에 기여하는 행위는 개인의 내적 만족과 긍정적인 정서를 촉진시킵니다. 또한, 이러한 행위는 사회적 상호 작용에서 얻는 인간관계의 풍요로움과도 밀접한 연관이 있습니다.

나. 사회적 책임이 가져다주는 이점

사회적 책임을 실천하는 것은 우리에게 다양한 이점을 제공합니다. 먼저, 타인에게 도움을 주는 행위는 자신에게도 긍정적인 영향을 미칩니다. 둘째, 사회적 책임감은 자아존중과 연결되어 내적인 안정감을 증진시킵니다. 셋째, 사회적 책임을 실천하면 주변 환경과 조화를 이루며, 이는 지속적이고 풍요로운 사회의 형성에 기여합니다.

사회적 책임은 단순한 의무감 이상으로, 우리의 행복과 사회의 번영을 동시에 이룰 수 있는 공동 목표를 제시합니다. 사회적 책임을 실천하면 우리는 더 차원 높은 자아실현에 도달하게 되며, 이는 결국 개인의 행복과 사회의 번영을 동시에 이룰 수 있는 길임을 깨닫게 됩니다. 따라서, 우리는 사회적 책임이 우리 자신뿐만 아니라 다른 사람들과도 연결되어 있음을 인식해야 합니다. 사회적 책임을 실천함으로써 우리는 더 높은 차원의 자아실현에 도달할 수 있고, 이는 결국 우리의 행복과 사회의 번영을 동시에 이룰 수 있는 길임을 기억해야 합니다. 이는 결국 우리의 100세 인생 여정에서도 변하지 않는 행복의 근원이 될 것입니다.

제6절. 자연과의 소통과 힐링에서 찾는 행복

우리의 삶은 현대 사회의 급격한 발전과 함께 복잡성을 더해 가고 있습니다. 이 복잡성 속에서 우리는 종종 도시 생활의 소음과 속박에서 벗어나 기초적이고 안정된 행복을 찾고자 합니다. 이를 위해 자연과의 소통과 힐링이 어떻게 우리의 행복에 영향을 미치는지, 그 중요성과 의미를 탐구하고자 합니다.

제1항. 자연과의 소통과 힐링의 중요성

가. 자연과의 소통의 본질

우리는 고도로 현대화된 도시에서 생활하면서 종종 자연과의 소통을 소홀히 하는 경향이 있습니다. 그러나 자연과의 소통은 우리와 환경 간의 상호 작용을 통해 새로운 에너지를 얻을 수 있는 소중한 기회를 제공합니다. 숲의 속삭임, 파도 소리, 신선한 공기와 같은 자연의 요소들이 우리에게 안정감과 평화를 선사합니다.

나. 도시 생활에서 벗어나 자연으로 향하는 중요성

도시 생활은 현대 사회에서 피할 수 없는 현실이지만, 도시의 번잡한 일상에서 벗어나 자연으로 향하는 것은 우리에게 더 큰 행복과 안정을 제공할 수 있는 기회입니다. 자연 속에서는 일상에서 느끼기 힘든 평온함과 신선함을 경험할 수 있으며, 이는 우리의 정신적 안정과 행복에 긍정적인 영향을 미칩니다.

다. 자연의 힐링 효과

자연은 우리에게 치유와 힐링의 힘을 안겨 줄 수 있는 특별한 장소입니다. 자연의 풍경은 우리의 마음을 안정시키고 일상적인 스트레스에서 벗어나게 해 줍니다. 이러한 경험은 우리의 행복 지수를 높여 주며, 자연의 소리와 향기는 마치 마음과 몸을 감싸는 듯한 안정감을 줍니다.

제2항. 자연과의 소통과 행복의 상관관계

가. 숲속 힐링과 자연 소리 치유

우리나라에서도 '숲속 힐링'이나 '산림 치유'는 현대 사회에서 스트레스와 피로에 시달리는 사람들에게 큰 도움이 되는 방법으로 알려져 있습니다. 숲속에서 나무들과 어우러져 자연의 소리를 청취하거나, 바다의 파도 소리에 귀를 기울이는 것은 우리를 고요한 상태로 이끌며, 이는 마치 마음과 몸을 새롭게 충전하는 듯한 느낌을 줍니다.

나. 도시 속 자연과의 조화

도시에서 자연과의 소통은 어려운 일이 아닙니다. 도시의 한적한 공원, 아름다운 정원, 식물이 가득한 카페 등에서도 우리는 자연과 조화를 이루며 행복을 느낄 수 있습니다. 이러한 작은 순간들이 일상에 자연의 힘을 불어넣어 주고, 도시 생활에서도 행복을 찾을 수 있는 가능성을 제시합니다.

다. 도시에서의 자연 소통의 중요성

도시에서 자연과 소통하는 것은 우리의 행복에 있어서 필수적입니다.

도시의 번잡한 환경에서도 녹지 공간을 찾아 휴식하거나, 도시공원에서 산책하는 것은 우리를 일상의 스트레스에서 해방시켜 줍니다. 이는 도시 속에서도 자연의 행복을 즐길 수 있다는 희망의 메시지를 전달합니다.

자연과의 소통과 힐링은 우리의 행복을 찾는 데에 있어서 중요한 고려 사항입니다. 도시 생활의 모순과 스트레스에서 벗어나 자연 속에서 평화로움을 찾는 것은 우리의 정신적 안정과 행복을 높이는 데에 큰 역할을 합니다. 따라서, 우리는 자연과의 소통을 통해 행복을 찾는 것이 단순한 휴식 이상으로 우리의 일상을 더 풍요롭게 만들 수 있다는 사실을 깨닫는 것이 중요합니다. 자연과의 소통은 우리의 삶에 새로운 차원을 열어 주며, 이는 결국 우리의 행복을 지속적으로 높여 줄 것입니다. 이는 우리의 100세 인생 여정에서도 변하지 않는 지속 가능한 행복의 근원이 될 것입니다.

제2부

100세 인생
행복한 소비의 미학

Ubiquitous 100-Year-Life Happiness

제1장

소비와 행복의 연관성

제1절. 소비의 다양한 의미

우리의 삶은 다양한 경험과 선택으로 가득 차 있습니다. 그중에서도 소비는 우리 삶을 풍부하게 만들어 주는 주요한 요소 중 하나입니다. 소비는 단순히 물질적인 것을 구매하는 행위로 그치지 않고, 우리의 삶에 깊은 영향을 미치는 다양한 의미를 내포하고 있습니다. 이에 대한 이해를 통해 우리는 행복한 삶을 살기 위한 미학적인 소비의 원리를 탐구해 보고자 합니다.

제1항. 소비의 역할과 중요성

가. 경제적 효과

소비는 우리의 지갑과 더불어 경제에도 큰 파장을 일으킵니다. 소비 행위는 단순한 물질적 소비만이 아닌, 그 배경에는 생산과 생산 주체인 기업, 노동자들이 함께 뒷받침하고 있습니다. 예를 들어, 소비자가 윤리적이고 지속 가능한 제품을 선택함으로써 그 제품을 만드는 기업에게 활력을 주고, 이는 곧 일자리 창출과 경제 성장으로 이어집니다. 따라서 소비는 우리가 경제 구조에 미치는 주체적인 영향을 통해 개인과 사회의 번영을 모색할 수 있는 중요한 수단으로 작용합니다.

나. 사회적 효과

소비는 우리를 둘러싼 사회적 맥락에서도 중요한 역할을 합니다. 제품이나 서비스를 선택하고 구매하는 행위는 우리의 사회적 위치와 연결되어 있습니다. 특정 브랜드를 선호하거나 특정 유형의 제품을 소비함으로써 우리는 자신의 가치관을 표현하고, 동시에 비슷한 관점을 가진 사람들과의 공동체를 형성할 수 있습니다. 이러한 사회적 연결은 우리의 신념체계를 강화하고, 사회적 지지체계를 형성하는 데에 도움을 줍니다. 뿐만 아니라, 소비는 지역 커뮤니티와의 소통을 통해 지역 발전에도 기여합니다. 우리의 선택이 지역 기업을 지원하고 지역 사회에 이바지함으로써 우리는 지구 전체적인 발전을 위한 작은 기여를 할 수 있습니다.

다. 심리적 효과

우리는 소비를 통해 물리적인 물건을 얻는 것 이상의 가치를 찾고 있습니다. 소비는 우리의 심리적 욕구를 충족시키는 중요한 수단이 되어 왔습니다. 특정 제품이나 경험을 통해 우리는 자아 표현의 기회를 갖게 되며, 이는 우리의 정체성을 강화하고 우리 자신에 대한 자부심을 높입니다. 고급 제품을 선택하거나 특별한 경험을 즐기는 것은 우리에게 삶의 풍요로움을 더해 주며, 긍정적인 감정을 불러일으킵니다. 이러한 심리적 효과를 통해 소비는 우리의 일상을 더욱 풍요롭게 만들어 주는 미학적인 측면을 지니고 있습니다.

제2항. 소비의 다양한 의미

가. 경제적 의미

경제적 효과에서 강조한 것처럼, 소비는 우리가 이뤄 내는 개인적인 선택이 경제 구조와 연결돼 있음을 명심해야 합니다. 윤리적이고 지속 가능한 제품을 선택함으로써 우리는 기업에 윤리적 생산을 요구하고, 이는 결국 환경 보호와 더불어 사회적 책임을 담당하게끔 만듭니다. 이는 우리의 소비 행위가 경제적인 측면에서만이 아니라, 사회적 측면에서도 영향을 끼치고 있다는 것을 의미합니다.

나. 사회적 의미

사회적 효과에서 다룬 것처럼, 소비는 우리를 둘러싼 사회적 환경과의 조화를 이뤄 내는 중요한 역할을 합니다. 소비를 통해 우리는 공동체와 연결되며, 공동체의 일원으로서의 정체성을 찾습니다. 이는 우리가 소비를 통해 가치관을 표현하고, 동시에 다양한 관점을 수용하는 지혜로운 시민이 되어 가는 과정을 의미합니다.

다. 심리적 의미

심리적 효과에서 강조한 것처럼, 소비는 우리의 내적인 욕구를 충족시키는 역할을 합니다. 소비는 물리적인 삶을 넘어 우리의 정서와 정신에까지 영향을 미치는 것으로, 이를 통해 삶의 질을 향상시킬 수 있습니다. 이는 우리가 소비를 통해 자아를 발견하고, 긍정적인 감정을 유지하는 데에 도움이 되는 미학적인 행위로 볼 수 있습니다.

이처럼 소비는 단순한 소비 행위가 아닌, 경제, 사회, 심리적 측면에서 깊이 뿌리내려 있는 복합적인 행위입니다. 우리의 소비 행동은 우리 스스로에게뿐만 아니라, 우리가 속한 사회와 지구에도 큰 영향을 미칩니다. 지혜롭게 소비하는 것은 우리의 미래를 위해 책임감을 가지는 것과도 연결되어 있습니다. 우리는 소비를 통해 개인적인 행복뿐만 아니라, 사회와 지구 전체에 긍정적인 영향을 끼칠 수 있는 힘을 갖고 있습니다. 따라서, 100세 시대에 우리는 더 나은 미래를 위해 현명하게 소비하고, 그 미학을 통해 행복한 인생을 살아가야 할 것입니다. 소비의 미학은 우리의 삶을 더욱 풍요롭게 만들 수 있는 열쇠임을 명심하고, 지혜로운 소비를 통해 우리의 100세 인생 여정에서도 지속 가능한 행복의 근원으로 인식되어야 할 것입니다.

제2절. 행복의 다양한 정의와 요소

행복이란 인간의 삶을 둘러싼 다양한 배경과 상황에 따라 다르게 정의되고 경험됩니다. 또한, 행복의 핵심 요소도 각자의 가치관과 선호에 따라 크게 다를 수 있습니다. 이에 대한 깊은 이해는 우리의 삶에 녹아든 소비와 행복의 관계를 파악하는 데 중요한 역할을 합니다.

제1항. 행복의 개념

가. 행복의 다양한 정의

우리는 행복이라는 개념을 각자의 시각으로 해석하고 이해합니다. 이해하고자 하는 관점에 따라 행복은 다양한 정의를 갖게 됩니다. 첫째로, 경제적인 안정과 물질적 풍요를 추구하는 사람들은 행복을 돈과 안정된 경제 기반에 찾습니다. 둘째로, 대인관계와 사회적 연결을 중시하는 사람들은 가까운 인간관계, 사회적 활동, 그리고 지지체계를 통해 행복을 느낍니다. 마지막으로, 자기 계발과 창의성을 추구하는 사람들은 성취, 자기 계발, 그리고 창의성을 통한 표현을 통해 행복을 발견합니다.

나. 행복의 요소

행복을 이해하기 위해서는 이를 이루는 주요 요소들을 살펴봐야 합니다. 이러한 요소들은 우리의 일상에서 나타나며, 소비 행위와 밀접한 관련이 있습니다. 첫째로, 경제적 안정과 풍요입니다. 물질적 안정과 경제적 풍요는 행복을 위한 핵심적인 요소 중 하나로 꼽힙니다. 안정된 경제적 기반은 우리가 기본적인 생활 수준을 유지하고, 더 나은 미래를 향해 나아갈 수 있는 기회를 제공합니다. 소비는 이러한 경제적 요소를 충족시키는 데에 큰 역할을 할 수 있습니다. 현명한 소비 습관을 가지고 재무 상태를 안정시키면, 내적 안정감을 증진시키고 향후 불안 요소에 대비할 수 있습니다. 둘째로, 대인관계와 사회적 연결입니다. 행복은 종종 다른 사람들과의 관계와 연결에 크게 영향을 받습니다. 소비 행위는 우리의 대인관계를 촉진하고 친밀한 관계를 형성하는 데에 도움이 됩니다. 함께 여행하거나 다양한 활동을 함께 즐기는 등의 소비 행위는 우리의 사회적 네트워크를 강화하고, 이는 행복을 높이는 데 중요한 역할을 합니다. 셋째로, 자기 계발과 창의성입니다. 행복은 자기 계발과 창의성을 통한 개인적인 성장과 연관이 있습니다. 소비는 이러한 자기 계발을 촉진하고 창의성을 향상시킬 수 있는 도구로 작용할 수 있습니다. 예를 들어, 새로운 취미를 시작하거나 온라인 강의를 듣는 등의 소비 행위는 우리의 기술과 지식을 향상시키는 데에 기여할 것입니다.

제2항. 소비와 행복의 연관성

가. 지혜로운 소비

소비는 무분별하게 이루어질 경우 오히려 행복을 저해할 수 있습니다. 그러나 지혜로운 소비는 우리가 행복을 추구하는 데에 긍정적인 역할을 할 수 있습니다. 경제적으로 현명한 소비는 재정적 부담을 줄여 주고, 향후 불안 요소를 제거함으로써 내적 안정감을 제공할 것입니다.

나. 소비를 통한 대인관계 구축

일상적인 소비는 다양한 사람들과의 관계를 형성하는 데에 도움이 됩니다. 함께 나누는 경험과 감동은 대인관계를 강화하고, 이는 행복을 증진시킬 것입니다. 함께 여행하거나 식사를 함께하는 등의 소비 행위는 우정이나 가족과의 연결을 강화하고, 행복을 공유하는 경험을 제공합니다.

다. 소비와 자기 계발의 결합

소비는 우리의 자기 계발과 창의성을 높일 수 있는 매개체가 될 수 있습니다. 예를 들어, 새로운 도서를 구매하거나 문화 예술 활동에 참여하는 등의 소비 행위는 우리의 지식과 기술을 향상시키는 데에 도움이 될 것입니다.

행복은 다양한 정의와 다양한 경로를 통해 찾아집니다. 소비는 이러한 다양성을 존중하면서, 지혜로운 소비를 통해 우리의 행복을 높일 수 있는 강력한 수단이 됩니다. 우리는 소비를 통해 더 나은 행복을 찾을 수 있는 힘을 갖고 있습니다. 지혜롭게 소비하고, 소비를 통해 대인관계를 촉진하며, 자기 계발과 창의성을 향상시키면서, 더 나은 삶과 행복한 인생을 건설할 수 있을 것입니다. 100세 시대에 우리는 소비의 미학을 통해 지속 가능하고 의미 있는 행복을 찾아가는 여정에서 더 나은 미래를 향해 나아가게 될 것입니다.

제3절. 소비와 감정의 상호 작용

소비와 감정은 우리 삶에서 상호 작용하는 두 가지 불가분의 요소입니다. 우리가 물건이나 경험을 소비할 때, 그것이 우리 감정에 미치는 영향은 상당히 큽니다. 이번 절에서는 소비와 감정의 복잡한 상호 작용을 살펴보고, 소비가 우리의 감정에 미치는 다양한 영향을 탐구하고자 합니다.

제1항. 소비와 감정의 상관관계

가. 소비와 감정의 연결

소비와 감정은 서로 긴밀하게 연결되어 있습니다. 우리가 물건을 구매하거나 특정한 활동을 즐길 때, 그 경험은 우리의 감정에 직접적으로 영향을 미칩니다. 이러한 연결은 다양한 감정 스펙트럼에 걸쳐 이루어지며, 이를 통해 소비가 우리의 일상에서 어떻게 감정을 형성하고 변화시키는지를 알 수 있습니다.

나. 소비의 기쁨과 만족

소비는 때로 우리에게 기쁨과 만족감을 제공합니다. 새로운 제품을 소비하거나 특별한 경험을 즐길 때, 우리는 즉각적인 기쁨과 만족감을 느낄 수 있습니다. 이는 소비가 우리의 감정을 긍정적으로 자극하고, 우리에게 즐거움의 순간을 선사함을 보여 줍니다.

다. 소비의 안정과 안정성

특히 안정과 안정성을 추구하는 우리에게 소비는 감정적인 안정성을 제공할 수 있습니다. 안정적인 제품이나 서비스를 선택함으로써 우리는 일시적인 쾌락 이상의 감정적 안정을 찾을 수 있습니다. 이는 소비가 우리의 감정을 안정시키는 데 어떤 역할을 하는지를 보여 줍니다.

라. 소비의 자아 표현과 자존감

소비는 우리의 자아 표현과 자존감에도 큰 영향을 미칩니다. 특정한 브랜드를 선택하거나 특별한 스타일을 채택함으로써 우리는 자아를 표현하고, 이는 우리의 자존감을 높이는 데에 도움이 됩니다. 소비가 우리의 감정적인 측면을 강화하고, 우리 자신에 대한 긍정적인 인식을 형성함을 알 수 있습니다.

마. 소비의 감정적 부작용

그러나 모든 소비가 긍정적인 감정을 불러일으키는 것은 아닙니다. 소비가 감정에 부정적인 영향을 미칠 수도 있습니다. 예를 들어, 과도한 소비나 현명하지 못한 소비 행위는 금전적인 스트레스를 초래하고, 이로 인해 우리의 감정적 안정성을 떨어뜨릴 수 있습니다.

제2항. 소비와 감정의 긍정적 상호 작용

가. 지혜로운 소비의 중요성

지혜로운 소비 습관은 우리의 감정적 안정성을 유지하는 데에 중요한 역할을 합니다. 재무 계획을 세우고 현명한 소비 선택을 함으로써, 우리는 불안한 감정을 최소화하고 긍정적인 감정을 강화할 수 있습니다.

나. 감정 관리의 기술 습득

우리는 감정을 효과적으로 관리하기 위한 기술을 익혀야 합니다. 소비가 감정을 높이는 데 긍정적인 영향을 미칠 때도 있지만, 감정을 부정적으로 향상시키는 경우에는 어떻게 대처할지를 알고 있어야 합니다.

다. 지속 가능한 소비

지속 가능한 소비는 우리의 감정뿐만 아니라, 지구와 환경에도 긍정적인 영향을 미칠 수 있는 방법 중 하나입니다. 우리의 소비 행동이 지속 가능하고 윤리적인 가치에 기반할 때, 우리는 이로 인해 느끼는 성취감과 만족감을 통해 긍정적인 감정을 경험할 수 있습니다.

소비와 감정의 상호 작용은 복잡하고 다양한 영향을 미칩니다. 우리는 지혜롭게 소비함으로써 감정적인 안정성을 찾을 수 있고, 감정의 부작용을 최소화할 수 있습니다. 또한, 감정을 효과적으로 관리하고, 지속 가능한 소비 습관을 채택함으로써 더 나은 행복과 만족을 경험할 수 있습니다. 소비와 감정의 긍정적 상호 작용은 우리가 100세 시대에 걸쳐 행복을 추구하는 데에 중요한 토대를 제공할 것입니다.

제4절. 소비와 행복의 상관관계

소비와 행복 사이의 미묘하고 복잡한 상관관계는 우리 삶에서 항상 두각을 나타내고 있습니다. 소비 행동이 우리의 행복과 어떻게 상호 작용하며, 소비의 심리학이 우리의 행복 추구에 어떠한 역할을 하는지 살펴보고자 합니다.

제1항. 소비 경험과 행복의 상관관계

가. 소비와 행복의 본질

소비와 행복 간의 관계를 이해하기 위해서는 각각의 본질에 대해 명확하게 파고들어야 합니다. 소비는 물질적인 요소뿐만 아니라, 정서적, 사회적, 심리적인 측면도 포함하고 있습니다. 행복 또한 다양한 차원에서 정의되며, 이는 주관적인 경험, 만족, 그리고 긍정적인 감정으로 이루어져 있습니다. 두 요소는 서로 깊은 연관성을 갖고 있으며, 소비의 심리학은 이 상호 작용을 탐구하는 데에 중요한 역할을 합니다.

나. 소비의 경험과 행복

소비는 때로 우리에게 직접적인 쾌락과 행복을 제공합니다. 새로운 제품을 소비하거나 특별한 경험을 즐길 때, 우리는 그 순간의 행복을 경험합니다. 소비가 우리의 욕구를 충족시키고, 이로 인해 나타나는 만족감은 우리를 행복의 순간으로 인도합니다.

다. 소비의 자아실현과 행복

또한, 소비는 우리의 자아실현과 연관되어 있습니다. 특정한 제품이나 브랜드를 통해 우리는 우리 자신을 표현하고, 이는 우리의 정체성과 연결되어 있습니다. 이러한 자아실현은 우리에게 자부심과 만족감을 제공하며, 이는 행복을 높일 수 있는 힘이 됩니다.

라. 소비의 사회적 연결과 행복

소비는 또한 사회적 연결과도 관련이 있습니다. 제품이나 경험을 통해 우리는 다른 사람들과의 소통의 기회를 얻고, 이는 우리의 사회적 네트워크를 강화합니다. 소비를 통한 사회적 연결은 우리에게 소속감과 지지를 제공하며, 이는 행복을 높이는 데에 기여할 수 있습니다.

제2항. 소비와 행복의 긍정적 상호 작용

가. 소비의 효과적 습득과 행복

소비는 지적 능력이나 기술의 향상을 위해 필요한 자원을 제공할 수 있습니다. 예를 들어, 새로운 기술적 제품을 구매하거나 교육적인 활동을 즐기는 등의 소비 행위는 우리의 능력을 향상시키고, 이로 인해 느끼는 성취감은 우리를 행복에 가깝게 이끕니다.

나. 소비의 경제적 안정과 행복

물론 경제적인 측면에서 안정적인 소비는 행복을 높일 수 있는 중요한 요소입니다. 재정적인 부담이 없는 소비 행동은 금전적인 스트레스를 최소화하고, 이로 인해 느끼는 안도감은 행복을 도모할 수 있습니다.

다. 소비의 사회적 비교와 행복

그러나 소비는 때로 다른 사람들과의 비교에서 비롯된 감정을 일으킬 수도 있습니다. 다른 이들과의 소비적 성과를 너무 심하게 비교하는 행위는 만족감을 저해하고, 이로 인해 행복을 감소시킬 수 있습니다. 소비의 사회적 비교를 통제하고 균형을 맞추는 것이 중요합니다.

라. 지혜로운 소비의 중요성

지혜로운 소비 습관을 가짐으로써 행복을 더 효과적으로 추구할 수 있습니다. 자기 계발을 위한 소비, 지속 가능한 소비, 그리고 긍정적인 사회적 연결을 추구하는 소비는 우리의 행복을 높이는 데 기여할 것입니다.

소비와 행복의 상관관계를 탐험할 때, 함정에 빠질 수 있는 점을 인식하는 것이 중요합니다. 지나친 소비는 빈곤과 부채의 문제로 이어질 수 있으며, 이는 행복을 방해하는 요소가 될 수 있습니다. 또한, 일시적인 쾌락을 위한 소비는 장기적인 행복에는 한계가 있을 수 있습니다. 행복을 추구하는 소비의 심리학을 이해하고 균형을 맞추는 것이 필요합니다. 소비의 다양한 측면은 행복을 추구하는 여정에서 다양한 영향을 미치며, 이는 소비의 심리학을 탐구함으로써 더욱 명확하게 드러납니다. 우리는 지혜롭게 소비하고, 소비를 통해 행복을 실현하는 여정에서 삶의 질을 높일 수 있습니다. 소비의 심리학을 이해하며 지혜로운 소비를 실천하는 것은 100세 시대의 더 나은 삶과 지속적인 행복을 추구하는 데에 중요한 한 걸음일 것입니다.

제5절. 소비와 행복 지수의 연관성

소비와 행복의 끊임없는 상호 작용은 우리의 삶에서 예측할 수 없는 요소로 남아 있습니다. 이번 절에서는 특히 소비 패턴의 변화가 어떻게 우리의 행복 지수에 영향을 미치는지, 그 상호관계를 더 깊이 파헤쳐 보고자 합니다.

제1항. 소비와 행복 지수의 상관관계

가. 소비와 행복의 상호 작용

우리의 삶에서 소비와 행복은 뗄 수 없는 관계입니다. 소비는 우리의 일상에 물질적인 만족을 제공할 뿐만 아니라, 정서적, 사회적, 그리고 심리적인 측면에서도 행복에 직간접적인 영향을 미칩니다. 이 미묘하고 복잡한 상호 작용을 통해 소비의 본질과 행복의 본질을 더 깊이 이해할 수 있습니다.

나. 소비 패턴 변화의 영향

우리의 소비 패턴은 시대의 흐름에 따라 지속적으로 변화하고 있습니다. 이러한 변화가 행복 지수에 미치는 영향을 살펴보는 것은 중요한 과제입니다. 특히 현대 사회에서 소비는 물질적 풍요보다 환경, 지속 가능성, 그리고 개인적인 복지와의 조화에 더욱 주목하고 있습니다. 이러한 변화가 우리의 행복 지수에 어떤 영향을 미치고 있는지 살펴보아야 하겠습니다.

다. 지속 가능한 소비와 행복

환경 문제의 심각성이 대두되면서, 지속 가능한 소비는 우리의 관심을 끌고 있습니다. 소비자들은 물질적인 소유보다 환경을 고려한 소비에 더 큰 가치를 부여하는 추세입니다. 이러한 지속 가능한 소비 행동은 도덕적인 만족감을 제공하며, 이로 인해 높아진 만족도는 행복 지수를 상승시킬 것으로 기대됩니다.

라. 경험적 소비와 행복

물질적인 소유보다는 경험적인 소비에 가치를 두는 경향이 두드러지고 있습니다. 여행, 문화적 활동, 교육 등의 경험을 중시하는 소비 패턴은 단순한 물건 소유에 비해 행복의 근원으로 여겨집니다. 이러한 소비의 패턴 변화는 풍부한 경험을 통해 얻는 즐거움에 중점을 둔 것으로, 행복 지수를 높일 수 있는 잠재력을 내포하고 있습니다.

제2항. 소비와 행복 지수의 측정과 분석

가. 행복 지수의 다면적 측면

행복을 정의하고 측정하는 것은 매우 복잡한 작업입니다. 행복 지수는 물질적 풍요, 심리적 안녕, 사회적 연결 등 다양한 측면을 아우르고 있어야 합니다. 소비 패턴의 변화가 행복 지수에 미치는 영향을 이해하기 위해서는 이러한 다면적인 측면을 분석하는 것이 필수적입니다.

나. 소비와 행복의 비례 또는 반비례

소비의 양과 질, 그리고 행복의 정도를 정확하게 측정하는 것이 중요합니다. 어떤 경우에는 소비가 행복을 높일 수 있지만, 지나친 소비는 행복을 방해할 수 있습니다. 이러한 상호 작용을 이해하는 것이 효과적인 행복을 추구하는 데에 도움을 줄 것입니다.

다. 기술과 소비의 융합

기술의 발전은 소비의 패턴을 혁신하고 있습니다. 가상 현실, 인공지능, 온라인 쇼핑 등의 기술은 소비 경험을 더욱 풍부하게 만들어 주고, 이로 인해 느끼는 만족도를 높일 것으로 전망됩니다. 기술과 소비의 융합은 우리의 행복을 더욱 높일 가능성을 내포하고 있습니다.

라. 자기 조절과 현명한 소비

소비와 행복의 균형을 찾기 위해서는 자기 조절과 현명한 소비 습관이 필요합니다. 무분별한 소비는 장기적인 행복에 도달하는 장애물이 될 수 있습니다. 우리는 욕구에 맞는 소비를 선택하고, 소비의 의미를 정립하는 데에 주의를 기울여야 합니다.

소비는 단순히 물건을 살 때에 그치지 않습니다. 소비의 행위 자체에는 의미와 목적이 함축되어 있습니다. 소비의 목적을 정의하고, 소비가 우리의 삶에 어떤 의미를 부여하는지 깊이 이해하는 것이 행복을 추구하는 과정에서 필수적입니다.

이와 같이 소비와 행복은 언제나 서로를 조명하고 있는 두 요소입니다.

소비 패턴의 변화가 행복 지수에 미치는 영향을 탐구하면서, 우리는 미래의 행복을 위한 지혜로운 소비의 방향을 찾아갈 수 있을 것입니다. 소비와 행복의 연관성을 깊이 파악하고, 현명한 소비 행동이 우리의 100세 인생을 더욱 풍요롭게 만들 수 있도록 노력해야 합니다.

제6절. 소비의 지속 가능성과 행복의 연관성

현대 사회에서 소비의 지속 가능성과 행복의 조화는 우리가 진정한 풍요로움과 만족을 찾아가는 여정에서 핵심적인 주제로 떠오르고 있습니다. 이번 절에서는 소비의 지속 가능성이 어떻게 우리의 행복과 결합되어 있는지, 그리고 현대 사회에서의 소비의 문제점을 살펴보며 어떻게 해결해 나갈 수 있는지에 대해 고찰하고자 합니다.

제1항. 소비의 지속 가능성과 현대 사회의 소비의 문제점

가. 지속 가능한 소비의 필요성

우리의 지구는 한정된 자원을 품고 있습니다. 지속 가능성 없는 소비는 환경 파괴와 자원 고갈을 초래할 뿐만 아니라, 장기적인 행복에도 장애물이 될 수 있습니다. 지속 가능한 소비는 우리의 미래를 책임지는 필수적인 고려 요소입니다.

나. 소비의 미래를 위한 선택

현대 사회에서는 소비자들이 제품이나 서비스를 선택할 때 그 영향력이 크게 증가하고 있습니다. 소비자의 선택이 기업들의 지속 가능한 경영을 촉진하면서, 이는 행복한 미래를 위한 중요한 기여로 작용하고 있습니다. 더 나은 환경을 위해 선택하는 것이 우리의 행복을 높일 수 있는 길임을 알아야 합니다.

다. 과소비와 자원 고갈

현대 사회에서는 무분별한 소비로 인해 자원 고갈과 환경 파괴의 문제가 심각해지고 있습니다. 끊임없는 소비 경쟁으로 인해 지구의 자원은 과다 소비로 고갈되고 있으며, 이는 장기적으로 행복을 방해하는 원인이 될 수 있습니다.

라. 소비의 목적 변화

물질적인 소유에 대한 욕망이 지배적인 현대 사회에서는 소비의 목적이 변화하고 있습니다. 효용성보다는 소비 자체에 중점을 두는 경향은 단기적인 쾌락을 가져오지만, 장기적으로는 행복을 떨어뜨릴 수 있는 부작용을 초래할 수 있습니다.

마. 소비의 사회적 비교와 만족감 감소

현대 사회에서는 소비의 사회적 비교가 만족감을 감소시키는 요인으로 작용하고 있습니다. 다른 이들과의 경쟁 속에서 소비의 양극화가 더욱 심화되면, 개인들은 만족하기 어려운 상황에 놓일 수 있습니다. 이로 인해 소비가 행복에 부정적인 영향을 미치는 경우가 늘어나고 있습니다.

제2항. 소비의 지속 가능성과 행복의 균형 찾기

가. 윤리적 소비의 중요성

현대 사회에서는 지속 가능한 소비에 대한 인식이 증가하고 있습니다. 윤리적 소비는 제품의 생산과 소비가 환경과 사회에 미치는 영향을 고려하는 새로운 흐름을 만들어 내고 있습니다. 이는 우리의 행복을 높일 수 있는 중요한 열쇠로 작용할 것으로 기대됩니다.

나. 소비 목적의 재정립

소비의 목적을 재정립하는 것이 필요합니다. 지적, 정서적인 만족을 중시하는 소비가 물질적인 소유에 대한 욕망보다 훨씬 더 행복을 증진시킬 수 있습니다. 성취, 성장, 연결 등의 다양한 측면에서 소비의 목적을 정의함으로써 우리는 풍요로운 행복을 더욱 깊게 체험할 수 있을 것입니다.

다. 소비의 사회적 비교 완화

소비의 사회적 비교에 대한 인식이 높아지면서 각자의 소비 선택이 개인적인 가치와 목표에 기반하게 될 것입니다. 이는 사회적 비교로 인해 발생하는 스트레스를 줄이고, 개인의 만족도를 향상시킬 것으로 전망됩니다.

라. 개인 책임과 사회적 책임

소비의 지속 가능성과 행복의 균형을 찾기 위해서는 개인과 사회 간의 책임이 필요합니다. 개인은 자신의 소비 행동이 미래 세대와 환경에 미치는 영향을 심각하게 고려해야 하며, 기업과 정부도 지속 가능한 소비를 촉진하고 지원해야 합니다.

무분별한 소비에 의한 행복이 아니라, 지속 가능성과 균형을 이룬 소비가 우리의 100세 인생을 풍요롭게 만들 수 있습니다. 소비의 새로운 의미를 찾고, 미래를 위한 현명한 소비 행동을 취함으로써 우리는 더 나은 세상과 높은 수준의 행복을 향해 나아갈 수 있을 것입니다. 현대 사회의 소비 문제점을 인식하고, 지속 가능한 소비의 중요성을 깨닫는다면 우리는 행복을 더욱 증진시킬 수 있는 길을 찾아갈 수 있을 것입니다. 새로운 의미를 부여하고, 지속 가능한 소비로써 우리의 100세 인생을 의미 있게 채워 나갈 수 있는 미래로의 발걸음이 되길 기대합니다.

스마트 소비와 경제 성장

제1절. 스마트 소비의 개념과 원칙

인간은 오랜 세월 동안 끊임없는 소비를 통해 삶의 질을 높이고 행복을 찾아왔습니다. 그러나 현대 사회에서는 단순한 소비에 그치지 않고, 미래에 대한 지혜로운 선택을 통해 지속 가능하고 의미 있는 인생을 설계하는 스마트 소비의 중요성이 부각되고 있습니다. 이번 절에서는 스마트 소비의 개념과 중요성, 그리고 스마트 소비를 지탱하는 핵심 원칙에 대해 논의하고자 합니다.

제1항. 스마트 소비의 정의

가. 스마트 소비의 정의

스마트 소비는 더 나은 미래를 위한 지혜로운 선택을 의미합니다. 이는 단순한 소비 행위를 넘어 자기 가치와 목표에 부합하는 제품과 서비스를 선택하고, 이를 통해 개인적인 만족뿐만 아니라 사회적 가치와 지속 가능한 미래를 위한 기여를 목표로 하는 것입니다.

나. 스마트 소비의 필요성

스마트 소비의 필요성은 여러 측면에서 확인할 수 있습니다. 우선, 환경 문제와 자원 고갈 등의 지구적인 문제로 지속 가능성에 대한 우려가 커지면서 소비의 영향력에 대한 새로운 인식이 생겨나고 있습니다. 자원의 한계와 환경 문제에 대한 인식이 높아짐에 따라, 스마트 소비는 지구의 생태계를 보호하고 지속 가능한 경제 성장을 도모하는 데 필수적인 도구로 부상하고 있습니다.

다. 스마트 소비의 역할

또한, 소비자의 개인적인 경험과 행복에 대한 인식도 변화하고 있습니다. 단순한 소유나 소비로만 행복을 찾는 것이 아니라, 지적인 만족과 지속 가능한 삶에 중점을 둔 스마트 소비는 개인의 삶을 더욱 풍요롭게 만들어 주는 역할을 합니다.

제2항. 스마트 소비의 원칙

가. 가치 기반의 소비

스마트 소비의 첫 번째 원칙은 가치 기반의 소비입니다. 소비자는 자신의 가치와 목표를 정확히 이해하고, 이를 기반으로 제품이나 서비스를 선택해야 합니다. 가치 기반의 소비는 단기적인 만족을 넘어 장기적인 목표를 위한 투자로서의 소비를 의미하며, 이는 개인의 성장과 행복에 긍정적인 기여를 할 것입니다.

나. 품질 중심의 선택

스마트 소비의 두 번째 원칙은 품질 중심의 선택입니다. 소비자는 제품이나 서비스의 품질을 평가하고, 이를 통해 더 오랜 기간 동안 사용할 가치가 있는 제품을 선택해야 합니다. 품질 중심의 선택은 소비의 소모적인 측면을 줄이고, 오히려 오랜 기간 동안 소유한 즐거움을 추구할 수 있도록 도와줍니다.

다. 지속 가능성 고려

스마트 소비의 마지막 원칙은 지속 가능성을 고려하는 것입니다. 소비자는 환경에 친화적이며 사회적 책임을 다하는 기업의 제품을 선호해야 합니다. 지속 가능성을 고려한 스마트 소비는 지구 환경과 사회적 이슈에 대한 인식을 높이고, 이를 통해 더 나은 미래를 위한 책임 있는 소비 행태를 형성합니다.

스마트 소비의 원칙을 현실에 적용하기 위해서는 소비자와 기업 간의 상호 작용이 필수적입니다. 소비자는 자신의 가치를 이해하고, 품질과 지속 가능성을 고려하여 제품을 선택해야 합니다. 또한, 소비자의 요구와 관심사를 듣고 수용하는 기업들은 지속 가능한 제품과 서비스를 개발하고 제공해야 합니다. 기업은 스마트 소비의 원칙을 채택하여 제품을 개발하고 마케팅하는 데 중요한 역할을 합니다. 제품의 가치와 품질을 강조하며 동시에 지속 가능성을 고려한 제품을 선보이는 기업들이 소비자들의 신뢰를 얻을 수 있습니다. 또한, 기업은 생산과 소비의 과정에서 환경에 대한 부정적인 영향을 최소화하고, 지속 가능한 비즈니스 모델을 구축하는 데 노력해야 합니다.

　이와 같이 스마트 소비는 단순한 소비 행위를 넘어, 지혜와 책임을 담은 행동으로써 개인과 사회, 그리고 지구의 미래에 긍정적인 변화를 이끌어 냅니다. 소비자와 기업은 서로의 역할을 이해하고 협력하여 지속 가능하며 윤리적인 소비문화를 만들어 가야 합니다. 가치, 품질, 지속 가능성을 중시하는 스마트 소비의 원칙은 우리가 더 나은 미래를 향해 나아가는 길에 큰 힘이 될 것입니다. 스마트 소비의 힘을 믿고, 우리의 소비 선택이 더 나은 세상을 만들어 내기를 기대합니다.

제2절. 스마트 소비와 소비 패턴의 변화

인류의 끊임없는 진보와 변화 속에서 소비문화는 끊임없이 혁신되고 있습니다. 특히 최근, 소비 패턴의 중요한 전환점이 발생하면서 스마트 소비의 개념이 더욱 부각되고 있습니다. 이번 절에서는 소비의 진화와 함께 떠오르는 스마트 소비의 확산, 그리고 이로 인해 형성되는 소비의 스마트화가 현대 사회에 미치는 긍정적인 영향에 대해 탐구하고자 합니다.

제1항. 소비 패턴의 다양한 변화

가. 스마트 소비 개념 대두

인류는 오랜 세월 동안 소비의 의미를 새롭게 정의해 왔습니다. 초기에는 소비는 단순한 필수적인 욕구 충족의 수단으로 여겨졌지만, 산업화의 진전과 함께 소비는 개인과 사회의 삶에서 더욱 중요한 위치를 차지하게 되었습니다. 그리고 최근 몇십 년 간의 발전에서는 소비 패턴이 새로운 관점으로 전환되면서 스마트 소비의 개념이 대두되었습니다.

나. 정보 접근성 향상

이러한 변화는 여러 요인에서 비롯되었습니다. 기술의 발전은 소비자들에게 더 다양하고 새로운 제품 및 서비스에 대한 접근성을 부여했습니다. 또한, 환경 문제와 지속 가능성에 대한 긍정적인 인식이 높아지면서 소비자들은 자신의 소비 행동이 지구 환경에 미치는 영향을 고려하는 경향이 강해졌습니다.

제2항. 소비의 스마트화와 행복의 연관성

가. 가치 중심의 소비

스마트 소비는 단순히 환경 문제에 대한 대응이 아닌, 개인의 행복과 연결되어 있습니다. 소비자는 더 나은 미래를 위해 소비 행동에 지혜를 담고, 이로써 자신의 삶에 대한 만족도를 높일 수 있습니다. 예를 들어, 가치 중심의 소비는 단기적인 소비 만족을 넘어 장기적인 목표를 위한 행복을 추구합니다. 이는 자기 계발, 지적 증진, 더 나은 커뮤니티 기여 등 다양한 영역에서 개인의 성장과 행복을 이끌어 냅니다.

나. 지속 가능성 고려한 제품 선택

스마트 소비의 확산에는 기업의 적극적인 참여가 필수적입니다. 기업은 소비자의 가치와 요구를 이해하고, 이를 반영한 제품과 서비스를 제공해야 합니다. 지속 가능성을 고려한 제품을 선보이는 기업은 환경 문제에 대한 고민을 보여 주며 소비자들의 신뢰를 얻게 됩니다. 그뿐만 아니라, 기업은 소비자들을 스마트 소비의 개념에 대해 교육하고 인식을 높이는 데 기여해야 합니다. 소비자들이 지속 가능성과 가치 중심의 소비에 대한 인식을 높이면, 이는 기업들에게도 긍정적인 압력을 가하게 됩니다. 결과적으로, 기업들은 더 나은 제품과 서비스를 개발하고 지속 가능한 비즈니스 모델을 적용하는 데 더욱 적극적으로 참여할 것입니다.

소비의 미래는 지혜롭고 지속 가능한 선택에 기반한 스마트 소비의 시대로 향하고 있습니다. 소비자들은 더 나은 미래를 위해 소비 행동에 책임을 느끼며, 기업들은 지속 가능성과 윤리를 고려한 제품을 개발하여 소비자들의 기대에 부응하고 있습니다. 이러한 흐름은 우리의 사회를 긍정적으로 변화시키며, 스마트 소비가 새로운 행복의 길을 열어 가고 있습니다. 소비자와 기업이 손을 잡고 함께 나아가면, 스마트 소비의 미래는 더욱 밝고 풍요로울 것입니다.

제3절. 스마트 소비와 경제 성장의 연관성

우리의 삶은 본질적으로 소비의 행위와 뒤얽혀 있습니다. 특히, 우리가 삶의 여정을 100세로 늘려 가려는 노력 속에서 스마트 소비는 우리의 행복과 사회적 발전을 위한 필수적인 동반자로 부상하고 있습니다. 이번 절에서는 스마트 소비가 어떻게 개인과 사회적 행복에 긍정적인 영향을 미치며, 더 나아가 경제 성장에도 어떠한 긍정적인 영향을 발휘하는지를 탐구하고자 합니다.

제1항. 스마트 소비와 사회적 행복의 상관관계

가. 목표 지향적 소비

목표 지향적인 소비로 행복 추구입니다. 스마트 소비는 소비자가 자신의 목표와 가치를 고려하여 제품을 선택하도록 도와줍니다. 이는 우리 개인의 행복과 직결되며, 소비 행위가 우리의 더 큰 목표와 가치를 실현하는 과정으로 나아가게 합니다.

나. 사회적 만족도 제고

소비의 소통과 사회적 만족도 제고입니다. 스마트 소비는 소비 행위가 소통의 수단이 되도록 장려합니다. 윤리성, 지속 가능성과 같은 가치를 고려한 소비는 우리에게 사회적인 만족감을 제공하며, 이는 우리의 사회적 행복과 연결되어 있습니다.

다. 윤리적인 소비

스마트 소비는 윤리적인 소비 행태를 장려합니다. 소비자들이 윤리적인 기업과 제품을 선호한다면, 이는 곧 공정한 사회와 사회적 정의에 기여하는 결과를 가져옵니다.

라. 지속 가능한 소비

지속 가능한 소비는 환경에 대한 책임을 내포하고 있습니다. 스마트 소비는 환경친화적인 제품을 선택하도록 유도하며, 이는 사회적 행복을 위한 환경 보호에 일조합니다.

제2항. 스마트 소비와 경제 성장의 상관관계

가. 경제 성장 지원

소비의 활성화와 경제 성장 지원입니다. 스마트 소비는 소비의 활성화를 도모합니다. 소비자들이 가치 중심의 소비를 통해 제품을 선택하면, 이는 기업들에게 더 나은 제품을 개발하도록 자극하고 소비의 활성화를 가져옵니다. 결과적으로는 경제 성장을 견인하는 역할을 합니다.

나. 기업의 윤리적 경영 지원

윤리적 기업의 성장 지원입니다. 소비자들이 윤리적이고 지속 가능한 제품을 선호할수록, 기업들은 이에 맞추어 생산과 마케팅을 조정합니다. 윤리적 기업들의 성장은 경제의 지속 가능성을 높이며, 이는 전반적인 경제 성장을 이끌어 냅니다.

다. 균형 있는 소비

그러나 스마트 소비도 무분별한 소비의 함정에서 자유로울 수 없습니다. 과도한 소비는 경제 성장에는 긍정적인 영향을 미칠 수 있지만, 개인과 사회적 행복에 부정적인 영향을 미칠 수 있습니다. 따라서 스마트 소비는 지속 가능한 소비, 윤리적 소비, 그리고 개인의 목표를 고려하는 균형 있는 소비로 나아가야 합니다.

스마트 소비는 개인과 사회, 경제에 다양한 긍정적인 영향을 미치고 있습니다. 소비자들이 가치와 목표를 고려하여 제품을 선택하면, 이는 개인의 행복과 연결되며 동시에 사회와 경제의 발전을 이끌어 냅니다. 그러나 지속 가능한 소비의 중요성을 강조하면서도 무분별하고 과도한 소비에 주의해야 합니다. 스마트 소비가 지속 가능한 행복과 번영을 이끌어 낼 수 있도록 개인과 사회가 함께 노력하는 것이 필요합니다.

제4절. 현대 소비 패턴의 특징과 소비의 스마트화

현대 사회에서 소비는 우리의 삶을 깊이 감동시키는 주요한 측면 중 하나로 부상하고 있습니다. 그리고 이 소비의 흐름은 우리의 가치관, 경제 활동, 사회적 관계에 대한 우리의 태도에 직접적인 영향을 미치며, 결국은 우리의 행복과 삶의 질에 깊은 흔적을 남깁니다.

제1항. 현대 소비 패턴의 특징

가. 다양성과 편의성 강조

우리의 소비 패턴은 시대와 문화의 변화에 뒤따라 끊임없이 진화하고 있습니다. 특히, 현대 사회에서 두드러지게 나타나는 소비의 특징 중 하나는 다양성과 편의성에 대한 강조입니다. 기술의 급격한 발전과 사회적인 다변화로 인해 소비자들은 다양한 옵션과 선택지를 통해 자신에게 맞는 제품이나 서비스를 찾아 나가고 있습니다. 이러한 특징은 소비가 단순한 경제적 활동을 넘어서 우리 개개인의 정체성과 아이덴티티를 표현하는 수단으로 자리 잡고 있다는 점을 강조합니다.

나. 지속 가능성과 환경에 대한 관심 증가

더불어, 지속 가능성과 환경에 대한 관심이 크게 증가하면서 소비자들은 더 지속 가능하고 윤리적인 제품을 선호하고 있습니다. 이로 인해 환경 친화적인 제품과 서비스에 대한 수요가 높아지고 있으며, 기업들은 이러한 요구에 부응하기 위해 새로운 경영 전략을 모색하고 있습니다. 이는 소비 패턴이 사회적 책임과 환경 보호에 대한 의식을 받아들이며 큰 폭으로 변화하고 있다는 사실을 명확히 보여 줍니다.

다. 개인의 가치 표현 수단

소비는 더 이상 필수적인 활동으로만 여겨지지 않고, 오히려 우리 삶의 즐거움과 풍요로움을 찾아가는 과정으로 변화하고 있습니다. 물질적인 풍요와 함께 소비가 개인의 가치와 정체성을 표현하는 수단으로 강조되고 있습니다. 이는 자기 계발과 행복 추구를 위한 소비가 중요시되고 있음을 나타냅니다.

라. 소비 습관의 디지털화

그뿐만 아니라, 소비 습관의 디지털화는 주목할 만한 특징 중 하나입니다. 온라인 쇼핑, 스트리밍 서비스, 디지털 콘텐츠의 구매 등 디지털 플랫폼을 통한 소비가 급증하면서 소비자들은 더 편리하게 원하는 상품과 정보에 접근할 수 있게 되었습니다. 이러한 디지털 트렌드는 소비의 경로를 혁신하고 소비자 경험을 개선하는 데 긍정적인 영향을 끼치고 있습니다.

제2항. 소비의 스마트화가 기업에 미치는 영향

가. 윤리적 기업의 성장 지원

스마트 소비는 자원을 현명하게 활용하고 가치 있는 경험을 찾아가는 소비자의 접근을 의미합니다. 이러한 스마트 소비가 경제 성장에 끼치는 영향은 더욱 두드러집니다. 우선, 소비자들이 더 신중하게 제품을 선택하고 지속 가능한 제품에 관심을 기울일 때, 기업들은 이에 맞추어 더 지속 가능한 생산과 유통 방식을 채택하게 됩니다.

나. 기업의 시장 경쟁력 제고

뿐만 아니라, 스마트 소비는 시장 경쟁력을 증가시킵니다. 소비자들이 더 나은 품질과 가치를 요구할 때, 기업들은 이에 부응하기 위해 혁신과 품질 향상에 힘쓰게 됩니다. 이로 인해 기업 간 경쟁이 활발히 이루어지면서 새로운 아이디어와 기술이 발전하고, 이는 결국 경제의 성장을 견인하는 중요한 요소가 됩니다.

현대 소비는 우리의 삶에 지대한 영향을 끼치고 있습니다. 다양성, 지속 가능성, 디지털화 등의 특징은 현대적 소비의 미학을 형성하고 있으며, 이를 통해 우리는 미래를 모색하고 더 나은 삶을 찾아가고 있습니다. 스마트 소비의 미학은 자기 발전과 행복 추구를 통해 지속 가능한 경제 성장을 이루어 낼 수 있는 힘을 지니고 있습니다. 우리는 소비의 주체로서 현명하게 선택하고, 이를 통해 긍정적인 영향력을 발휘하여 사회와 경제를 발전시킬 수 있는 주체가 될 것입니다. 따라서 스마트 소비의 미학은 우리의 100세 인생에서 행복과 번영을 이루어 가는 데 큰 역할을 할 것입니다.

제5절. 스마트 소비와 소비자의 역할과 책임

현대 사회에서 소비자는 단순한 상품 소비자를 넘어, 사회와 경제의 주인공으로 떠오르고 있습니다. 그리고 이러한 새로운 역할에서 소비자가 맡게 되는 역할과 책임은 단순한 소비 행위를 초월하여 지속 가능한 경제 성장과 사회적 발전에 크게 기여하는 중요한 역할로 부각되고 있습니다.

제1항. 소비자의 역할과 참여의 중요성

가. 경제 성장 지원

소비자는 오늘날 더 이상 단순한 상품 소비자로만 인식되지 않습니다. 현대 사회에서 소비자는 오히려 사회와 경제의 주인공으로 새롭게 부상하고 있습니다. 소비자의 선택이 기업의 생존과 경쟁력에 직접적으로 영향을 미치면서, 이는 결과적으로 경제의 건강한 성장을 지원합니다. 특히, 소비자가 지속 가능한 제품을 선호하고 환경에 대한 책임감을 가질 때, 기업들은 이를 수용하고 환경에 더 민감한 비즈니스 모델을 채택하게 됩니다.

나. 기업의 시장 경쟁력 지원

소비자의 역할은 더 이상 상품을 단순히 소비하는 것을 넘어서, 기업과 사회에 대한 주체적인 결정권을 가지게 됨을 의미합니다. 소비자의 선택이 기업의 경쟁력을 좌우하고, 이는 기업이 지속 가능한 경영 전략을 채택하게끔 격려하고 있습니다. 소비자의 역할 변화는 기업들에게 더 나은 제품과 서비스를 제공하기 위한 노력을 촉발하고, 이는 지속 가능한 생산과 소비를 촉진하여 경제의 지속 가능성에 도움을 줍니다.

다. 기업의 환경 보호 지원

소비자 참여는 단순한 상품 소비 행위를 넘어서, 사회적 책임과 환경 보호에 대한 적극적인 참여를 의미합니다. 환경 문제의 심각성이 갈수록 증가함에 따라 소비자들은 더욱 환경에 대한 책임을 느끼고 있습니다. 이를 토대로 소비자들은 소비 패턴을 조절하고, 환경에 덜 부담을 주는 선택을 하려는 노력을 기울이고 있습니다.

라. 기업의 사회적 책임 지원

환경 보호뿐만 아니라, 사회적 책임에 대한 소비자의 관심은 기업들에게도 큰 영향을 미치고 있습니다. 소비자들이 기업의 사회적 이슈에 민감하게 반응하고, 그들의 가치와 원칙에 부합하는 기업을 선호할 때, 기업들은 자연스럽게 사회적 책임을 강화하게 되어 사회적으로 더 적극적으로 참여하고 발전하는 방향으로 나아가야 합니다.

제2항. 소비자의 책임과 지속 가능성

가. 사회적 가치 강조

소비자의 참여는 브랜드들에게도 큰 영향을 미치고 있습니다. 브랜드들은 소비자의 요구에 더 민감해지고, 소비자들은 제품의 원산지, 제조과정, 브랜드의 사회적 활동 등에 대한 정보를 요구하고 있습니다. 이는 기업들에게 브랜드 이미지를 구축하는 새로운 기회를 제공하면서, 동시에 소비자의 기대에 부응하지 못하면 브랜드에 부정적인 영향을 미치는 현상도 초래하고 있습니다. 소비자의 힘과 책임은 브랜드들에게 사회적 가치의 중요성을 강조하고 있습니다. 브랜드는 소비자들이 요구하는 가치를 반영하고, 이를 통해 긍정적인 이미지를 형성할 수 있습니다. 이는 브랜드의 성공과 지속 가능한 경쟁력을 가져올 것입니다.

나. 지속 가능성 강조

소비자 참여의 중요성은 지속 가능성과도 깊은 연관이 있습니다. 지속 가능한 소비 습관을 형성하려면 소비자 참여가 필수적입니다. 기업들과 소비자들 간의 지속 가능성에 대한 협력은 더 나은 미래를 위한 핵심적인 동력이 될 것입니다.

소비자들이 지속 가능성에 대한 인식을 높이고, 기업들이 이에 부응하여 지속 가능한 제품과 서비스를 개발하면서, 둘 간의 협력은 사회적으로 더욱 의미 있는 방향으로 나아갈 것입니다. 이는 지속 가능한 경제와 사회적 발전을 위한 중요한 전제조건이 될 것이며, 소비자 참여가 이러한 협력을 견인하는 주요 동력이 될 것입니다.

소비자는 이제 더 이상 상품을 소비하는 데 그치지 않습니다. 오히려, 소비자는 사회와 경제의 주인공으로 떠오르며 브랜드와 기업들에게 큰 영향을 미치고 있습니다. 소비자의 참여와 책임은 지속 가능한 경제 성장과 사회적 발전을 위한 필수적인 조건으로 작용하고 있으며, 이는 우리의 100세 인생에서 미래를 책임질 수 있는 중요한 역할을 의미합니다. 소비자들은 자신의 선택이 미래를 결정하는 데 큰 영향을 미치고 있으며, 이를 통해 더 나은 미래를 위한 책임을 다하고 지속 가능한 사회를 구축하는 데 기여할 수 있습니다. 소비자의 역할을 정확히 이해하고 책임을 다하면, 우리는 지속 가능한 미래를 향한 첫걸음을 더욱 단단하게 놓을 수 있을 것입니다.

제6절. 스마트 소비와 소비자의 권리와 의무

현대 사회에서 소비는 단순한 경제 활동을 넘어, 윤리적인 측면에서도 큰 중요성을 갖고 있습니다. 소비자는 제품이나 서비스를 선택함으로써 자신뿐만 아니라 사회 전체에 영향을 미치게 됩니다. 이에 대한 논의를 통해 소비자의 권리와 의무, 특히 윤리적인 소비의 의무에 대해 논리적으로 탐구해 보고자 합니다.

제1항. 소비자의 권리와 의무의 본질

가. 윤리적인 소비 문화 조성

소비자의 권리와 의무는 서로 얽혀 있고 조화롭게 작용함으로써 더 나은 소비문화를 형성합니다. 권리는 소비자가 기대하는 합리적인 기본 표준을 나타내며, 의무는 이러한 권리를 행사함에 있어서의 책임과 상호 존중을 의미합니다. 이러한 상호 작용은 윤리적인 소비문화를 정착시키는 데 기여하고, 결국은 사회적 가치와 윤리적인 소비의 중요성을 강조합니다.

나. 제품 선택의 자유

소비자의 권리 중 가장 중요한 것 하나는 선택의 자유입니다. 소비자는 다양한 제품과 서비스 중에서 자유롭게 선택할 권리가 있습니다. 이는 경쟁을 통한 품질 향상을 촉진하고, 다양성과 창의성을 유발하여 소비자들에게 보다 나은 경험을 제공합니다. 또한, 안전한 제품을 소비할 권리도 강조되어야 합니다. 기업은 소비자의 건강과 안전을 최우선으로 고려하여 제품을 제공해야 하며, 소비자는 안전한 제품을 기대하고 요구할 권리가 있습니다.

다. 기업의 사회적 책임 평가

소비자의 의무는 단순한 소비 행위를 넘어서, 윤리적인 소비의 의무와 사회적 책임을 내포하고 있습니다. 윤리적인 소비의 의무는 소비자가 제품이나 서비스를 선택할 때, 그 영향을 심각하게 고려하고 윤리적인 측면을 고려하는 것을 의미합니다. 소비자는 기업의 윤리적인 행동과 사회적 책임을 평가하고, 이를 반영하여 제품을 선택해야 합니다.

라. 지속 가능한 소비 문화 조성

또한, 소비자의 의무는 지속 가능한 소비에 대한 책임을 내포합니다. 환경 보호를 위한 노력은 소비자의 의무 중 하나로 간주되고 있습니다. 기업들이 친환경적이고 지속 가능한 제품을 생산하도록 요구함으로써, 소비자는 지속 가능한 미래를 위한 적극적인 역할을 수행할 의무가 있습니다.

제2항. 소비자의 선택과 윤리적인 소비의 중요성

가. 기업의 사회적 책임 강조

소비자의 선택이 사회적 영향을 미치는 것은 더 이상 무시할 수 없는 현상입니다. 소비자들은 자신의 가치와 원칙에 부합하는 제품을 선택하며, 이는 기업들에게 사회적 책임을 다하도록 압력을 가하고 있습니다. 또한, 소비자들은 사회 문제에 대한 민감성을 가지고 있어 기업들이 사회적 이슈에 대한 적극적인 참여를 요구하고 있습니다. 소비자의 선택이 사회적 영향을 미치는 것은 기업들에게도 새로운 기회를 제공하고 있습니다. 기업들이 윤리적이고 사회적으로 책임 있는 비즈니스 모델을 채택하면, 이는 소비자들에게 긍정적인 이미지를 제공하고 경쟁력을 향상시킬 수 있습니다.

나. 윤리적 소비 강조

윤리적인 소비는 소비자가 지니는 강력한 도구 중 하나입니다. 소비자의 선택은 기업의 행동에 직접적으로 영향을 미치며, 이는 사회와 환경에 대한 긍정적인 변화를 이끌어 냅니다. 윤리적인 소비는 사회적 가치와 윤리적인 원칙을 지지하고, 이를 통해 소비자는 사회 전체에 긍정적인 메시지를 전달합니다. 또한, 윤리적인 소비는 기업들에게도 중요한 동기 부여 요소가 됩니다. 소비자들이 윤리적인 제품과 서비스를 선호하는 행동은 기업들에게 윤리적인 비즈니스 모델을 채택하도록 격려하고, 이는 기업들이 사회적 책임을 다하도록 도와줍니다.

소비자의 권리와 의무, 특히 윤리적인 소비의 의무는 현대 사회에서 더욱 중요한 주제가 되고 있습니다. 소비자는 자유로운 선택을 통해 기업들에 영향을 미치고, 이는 사회와 환경에 긍정적인 변화를 이끌어 냅니다. 윤리적인 소비의 의무를 갖게 되면, 우리는 더 나은 미래를 위한 길을 열고, 기업들과 소비자들이 함께 협력하여 사회적 책임을 다하는 새로운 시대를 창조할 수 있을 것입니다. 소비자의 역할을 정확히 이해하고 윤리적인 소비의 가치를 실천함으로써, 우리는 미래 세대에 더 나은 환경을 남길 수 있는 주체가 될 것입니다.

제3장

건전한 소비와 사회적 책임

제1절. 나눔의 사회적 중요성

인생이란 길고도 복잡한 여정이며, 이 여정에서 소비의 미학은 우리의 행복과 더불어 어울리지 않을 수 없는 중요한 주제 중 하나입니다. 특히 건전한 소비와 사회적 책임은 우리의 소비 행동이 가진 영향력을 새롭게 조명하고자 하는 중요한 고찰입니다.

제1항. 소비의 미학과 나눔의 가치

가. 소비의 미학 속에서의 나눔의 가치

우리는 현대 사회에서 소비에 대한 접근을 새롭게 고민하고 있습니다. 소비의 미학은 단순히 자기만족을 넘어, 사회적 가치와 연결되어 있습니다. 나눔의 가치는 이러한 사회적 소비의 핵심을 이루고 있습니다. 우리가 어떻게 소비하는가가 사회 구조와 조화를 이루는 데 어떠한 영향을 미치는지를 이해함으로써, 우리는 소비의 행위를 통해 더 큰 의미와 가치를 찾을 수 있게 됩니다.

나. 소득의 부분을 나눔에 기부하는 행위의 중요성

우리는 소득을 얻는 과정에서 불평등과 부조화라는 현실을 마주하게 됩니다. 그러나 소득의 일부를 나눔에 기부하는 행위는 이러한 불평등을 완화하고 사회적 조화를 이루는 중요한 역할을 합니다. 이는 단순한 자선이 아니라, 사회적 책임의 실현으로써 우리의 소비 행동이 진정한 의미를 갖게 합니다. 이는 곧 개인의 행복뿐만 아니라 사회 전체의 번영에 기여하는 것으로 연결됩니다.

다. 약자 지원에 소득을 활용하는 의의

소득의 상당 부분을 약자 지원에 활용함으로써 우리는 사회적 통합을 촉진하고 공정한 사회를 구축하는 데 일조할 수 있습니다. 교육, 의료, 기타 필수 서비스에 대한 지원은 약자들이 더 나은 기회를 가질 수 있도록 돕습니다. 이는 사회적 기회의 평등성을 증진시키고, 모든 개인이 자신의 잠재력을 최대한 발휘할 수 있도록 지원하는 효과를 불러옵니다.

제2항. 성숙한 사회와 소비의 새로운 방향성

가. 나눔의 성숙한 사회적 중요성

나눔은 성숙한 사회의 근간을 이루는 중요한 성분입니다. 이는 자본주의 시스템 내에서 발생하는 불평등과 갈등을 완화하는 역할을 하면서, 동시에 상호 의존적인 사회적 네트워크를 형성합니다. 이는 우리 각자의 다양성을 존중하고 이해하는 데에 기여하며, 개인과 커뮤니티 간의 유대감을 강화합니다. 나눔의 가치는 우리 자신의 만족감을 높여 주는 동시에 사회적 조화를 이루어 나가는 데 결정적인 역할을 합니다.

나. 소비의 새로운 방향성

나눔의 중요성을 깨달은 현대 사회에서는 소비의 새로운 방향성이 필요합니다. 소비자는 더 이상 소비의 행위를 단순한 만족의 수단으로만 여기지 않고, 그 행위가 지속 가능한 사회에 기여하는 역할을 수행해야 합니다. 소비의 선택이 기업들에게 사회적 책임의 이행을 촉발하고, 지역 사회에 긍정적인 영향을 끼칠 수 있도록 노력해야 합니다.

다. 나눔의 문화 정착

나눔의 문화를 정착시키기 위해서는 기업들과 개인이 힘을 모아야 합니다. 기업들은 이익만을 추구하는 것이 아니라, 사회적 책임을 수행하고 지역 사회에 봉사하는 데 적극적으로 참여해야 합니다. 또한, 개인들도 자발적으로 나눔에 참여하고 소비의 선택을 통해 지속 가능한 가치를 실천할 수 있어야 합니다. 이렇게 나눔의 문화가 정착되면 우리는 더 풍요로운 사회를 만들어 나갈 수 있을 것입니다.

"나눔의 사회적 중요성: 소득의 상당 부분을 약자 지원에 활용하는 의의"에 대한 고찰을 통해 우리는 나눔이 우리의 삶에 어떠한 가치를 부여하는지를 깊이 이해할 수 있었습니다. 나눔의 문화를 통해 우리는 더 풍요로운 삶을 창조하며, 지속 가능한 미래를 위한 긍정적인 영향력을 행사할 수 있을 것입니다. 나눔은 우리의 소비의 미학 속에서 새로운 의미를 발견하게 해 주며, 함께 걸어가는 100세 인생에서 행복을 찾아갈 수 있는 미학의 일부로써 우리의 길을 밝혀 줄 것입니다.

제2절. 소득의 나눔과 사회적 책임

현대 사회에서는 우리의 소비 행동이 더 큰 의미를 갖추기 위해 새로운 관점을 필요로 합니다. "소득의 나눔과 사회적 책임: 경제적 약자와 사회적 약자를 위한 소비의 역할"이라는 주제를 통해, 우리의 소비가 어떻게 경제적으로 약한 이들과 사회적으로 소외된 이들에게 긍정적인 변화를 가져올 수 있는지에 대해 논의해 보겠습니다.

제1항. 소득의 나눔과 소비의 새로운 의미

가. 소비의 새로운 의미

소비는 더 이상 자기만족만을 위한 행위가 아닙니다. 소비의 미학은 새로운 시선으로 모습을 갈아 치우고 있습니다. 이는 소득의 나눔을 통해 경제적으로 약한 이들과 사회적으로 소외된 이들을 어떻게 지원할 수 있는지를 고민하는 시대의 흐름입니다. 소득의 나눔은 우리가 소비하는 행위에 새로운 의미를 부여하며, 개인의 선택이 어떻게 더 큰 사회적 책임의 행동으로 이어질 수 있는지를 강조합니다.

나. 경제적 약자와의 연대

우리는 경제적 약자와의 연대가 소비의 중요한 측면 중 하나임을 깨달아야 합니다. 소득의 나눔은 우리 개인의 소득 중 일부를 공유하고, 경제적으로 어려움을 겪는 이들에게 희망의 손길을 내밀기 위한 노력입니다. 이는 개인의 이기주의적인 소비가 아닌, 사회적 책임의식 있는 행동으로 연결되어야 합니다.

다. 소비의 새로운 역할: 지속 가능한 변화 창출

소비는 단순히 상품이나 서비스를 구매하는 것을 넘어서, 사회적인 변화를 이끌어 내는 주체로 부상하고 있습니다. 소득의 나눔을 통한 소비는 이러한 관점을 강조하며, 소비자에게 개인의 행동이 지속 가능한 사회적 변화를 창출할 수 있는 도구임을 상기시킵니다. 이는 소비의 선택이 얼마나 큰 사회적 영향을 끼칠 수 있는지에 대한 새로운 시각을 제시합니다.

제2항. 경제적 약자 지원과 사회적 통합

가. 경제적 약자 지원의 필요성

우리는 여전히 경제적인 어려움을 겪는 이들에 대한 지원이 필요한 상황에 처해 있습니다. 소득의 나눔은 이러한 어려움을 겪는 이들을 돕기 위한 효과적인 방법 중 하나로써 떠오르고 있습니다. 경제적 약자 지원의 필요성을 인식하고, 이를 해소하기 위한 소비의 역할에 대한 인식은 우리가 보다 공정하고 포용적인 사회를 만들어 나갈 수 있는 지름길이 될 것입니다.

나. 소득의 나눔이 가져다주는 긍정적 효과

소득의 나눔은 단순한 경제적 지원 이상의 긍정적인 효과를 가져옵니다. 이는 받는 이들에게 경제적인 도움을 주는 동시에, 자존감과 자존심을 회복할 수 있는 기회를 제공합니다. 이는 더 나은 미래를 향해 나아갈 수 있는 힘을 부여하며, 개인의 성장과 발전을 지원합니다.

다. 경제적인 지원과 함께하는 사회적 통합

소득의 나눔은 또한 사회적 통합을 촉진합니다. 경제적으로 어려움을 겪는 이들에게 지원을 제공함으로써, 우리는 다양한 사회적 배경을 가진 이들을 포용하고 존중하는 메시지를 전합니다. 이는 사회적인 차별과 갈등을 완화하고, 상호 이해와 협력을 촉진하는 데 기여합니다.

라. 소비의 선택이 형성하는 사회

소비자의 선택은 사회를 형성하는 데 있어 중요한 역할을 합니다. 소비의 선택이 소득의 나눔을 통해 사회적 약자와 경제적 약자를 지원한다면, 이는 긍정적인 사회적 변화를 이끌어 낼 것입니다. 기업들은 이러한 사회적 책임을 수행하고, 소비자들은 지속 가능한 소비에 참여함으로써, 우리는 더 공정하고 풍요로운 사회를 만들어 나갈 수 있을 것입니다.

소득의 나눔은 미래의 사회를 형성하는 과정에서 중요한 역할을 할 것입니다. 소비의 새로운 관점에서 소득의 일부를 나눔에 기부하고, 사회적 책임을 수행함으로써 우리는 더 공정하고 풍요로운 미래를 향해 나아갈 것입니다. 소비의 선택은 우리가 원하는 미래의 모습을 결정하는 주체로서, 우리는 지속적인 나눔의 문화를 형성하고 나가야 합니다. 소득의 나눔은 우리가 어떤 사회를 원하는지에 대한 명확한 메시지를 전하며, 이는 우리의 100세 인생을 행복과 의미로 가득 채우는 길을 열어 줄 것입니다.

제3절. 사회적 책임과 소비의 개념

현대 사회에서 소비의 의미는 새로운 지평으로 확장되고 있습니다. 소비의 미학은 더 이상 단순한 자기만족의 행위로 머물러 있지 않습니다. "사회적 책임과 소비의 개념: 사회적 약자 지원을 통한 소비의 가치"는 우리의 소비 행동이 어떻게 사회적 책임을 수행하며, 특히 사회적 약자를 지원하는 데 어떤 가치를 지닌다는 새로운 시각을 제시하고자 합니다. 이를 통해 우리는 건전한 소비가 어떻게 사회적 긍정적 영향을 가져올 수 있는지에 대한 깊은 이해를 얻을 것입니다.

제1항. 소비의 새로운 역할과 사회적 책임

가. 소비의 새로운 의미: 사회적 책임

소비는 더 이상 자기만족만을 위한 행위로 간주되지 않습니다. 이제는 사회적 책임을 수행하는 행위로서의 새로운 의미를 부여받고 있습니다. "사회적 책임과 소비의 개념"에서는 소비가 어떻게 사회적 약자를 지원하는 데에 기여할 수 있는지를 다루고 있습니다. 이러한 시각은 우리의 소비 행동이 어떻게 더 큰 사회적 가치와 연결되어 있는지를 고민하게 만듭니다.

나. 사회적 책임의 중요성

사회적 책임은 현대 사회에서 더욱 중요한 역할을 수행하고 있습니다. 기업과 개인이 사회에 대한 책임을 다하고, 이를 소비의 행위에 어떻게 반영할 수 있는지가 우리의 사회적 풍토를 결정짓고 있습니다. 사회적 책임은 소비의 행위가 단순히 개인적인 욕구 충족을 넘어 사회적인 공동체에 기여하는 것으로 여겨지도록 만듭니다.

다. 소비의 새로운 역할: 사회적 약자 지원

소비는 더 이상 상품이나 서비스를 구매하는 행위로만 간주되지 않습니다. 소비의 역할은 사회적 약자를 지원하는 측면을 중시하게 되었습니다. 소비자들은 이제 기업이 사회적 약자를 지원하고 있는지에 대한 정보를 중시하며, 이를 통해 제품이나 서비스를 선택하고 있습니다. 소비의 선택이 어떻게 사회적 약자 지원에 직결될 수 있는지에 대한 인식은 소비의 역할을 새롭게 정립하고 있습니다.

제2항. 소비의 사회적 가치

가. 소비와 사회적 가치의 결합

소비와 사회적 가치는 이제 더 밀접한 관련성을 맺고 있습니다. 소비자들은 더 이상 단순한 소비 행위가 아니라, 그 제품이나 서비스를 제공하는 기업이 사회적 책임을 다하고 있는지를 고려합니다. 이는 소비의 행위가 그 뒤에 어떤 사회적 영향을 낳을지를 의식적으로 고려하게 만들고 있습니다.

나. 사회적 책임을 수행하는 기업

사회적 책임을 수행하는 기업은 소비자들로부터 긍정적인 평가를 받고 있습니다. 소비자들은 더 이상 단순한 소비만으로 만족하지 않고, 기업이 사회적 책임을 다하고 있는지를 중요하게 생각합니다. 이는 기업들에게 사회적 책임을 다하도록 유도하고, 소비자의 선택이 기업의 사회적 활동에 미치는 영향을 크게 키우고 있습니다.

다. 소비의 가치: 사회적 약자 지원

소비의 가치는 이제 더욱 다양해지고 있습니다. 소비자들은 단순히 제품이나 서비스의 품질을 고려하는 것이 아니라, 그 제공자가 사회적 약자를 어떻게 지원하고 있는지에 대한 정보를 찾아냅니다. 소비의 선택이 어떻게 사회적 약자를 지원하는지가 소비의 가치를 좌우하는 중요한 요소로 떠오르고 있습니다.

라. 기업의 변화와 소비자의 힘

소비자들의 요구 변화는 기업들에게 큰 변화를 강요하고 있습니다. 사회적 책임을 강조하는 기업은 소비자들로부터 큰 지지를 받으면서, 이는 다양한 기업들이 사회적 책임을 강조하는 추세로 이어지고 있습니다. 이러한 기업의 변화는 사회적으로 긍정적인 영향을 끼치며, 소비자들은 자신의 소비 선택이 기업의 사회적 책임에 어떤 영향을 미칠 수 있는지를 점점 더 인식하고 있습니다.

마. 소비의 변화와 긍정적 사회적 영향

사회적 책임을 강조하는 소비의 개념은 사회에 긍정적인 영향을 미치고 있습니다. 소비자들의 이러한 변화는 소비자들이 보다 의식적으로 제품이나 서비스를 선택하게 만들어, 기업들이 사회적 책임을 다하도록 유도하는 원동력으로 작용하고 있습니다. 이는 사회적으로 더 공평하고 포용적인 사회를 만들어 나가는 과정에서 중요한 역할을 합니다.

우리는 소비의 새로운 역할이 어떻게 사회적 책임을 수행하며, 특히 사회적 약자를 지원하는 데 어떤 가치를 지닌다는 것을 논리적으로 이해했습니다. 소비는 더 이상 단순한 소비가 아닌, 사회적 가치를 실현하고 지속 가능한 발전을 위한 힘을 갖춘 행동으로 여겨져야 합니다. 이는 우리의 100세 인생 여정에서 우리가 건강하고 풍요로운 미래를 향해 나아가는 길에 새로운 지평을 열어 줄 것입니다.

제4절. 사회적 책임과 소비의 가치

현대의 소비는 더 이상 단순한 물건을 소비하는 행위로 그치지 않습니다. 소비가 어떻게 사회적 책임을 수행하며, 이를 통해 어떠한 긍정적인 영향을 만들어 내는지를 탐구하는 "사회적 책임과 소비의 가치: 소비로 만들어지는 긍정적 영향"에 대한 논의는 우리의 소비 행동이 어떻게 더 큰 사회적 의미와 상호 작용하며 더 나은 미래를 향해 나아갈 수 있는지를 엿보게 합니다.

제1항. 소비의 새로운 역할과 사회적 가치

가. 소비의 변화와 새로운 가치

소비의 개념이 단순한 물건을 구매하는 행위에서 벗어나, 사회적 책임을 수행하고 긍정적인 영향을 만들어 내는 주체로서의 역할로 확장되었습니다. 소비자들은 더 이상 단순한 소비로 만족하지 않고, 그 제품이나 서비스를 제공하는 기업이 사회적 책임을 어떻게 수행하고 있는지에 주목합니다. 이러한 변화는 소비의 새로운 가치를 제시하고 있으며, 우리의 소비 행동이 어떻게 사회에 긍정적인 영향을 미칠 수 있는지를 살펴보는 것이 중요합니다.

나. 소비의 주체로서의 새로운 역할

소비가 더 이상 소비자와 기업 간의 단순한 거래 과정이 아니라, 사회적 책임을 수행하고 긍정적인 변화를 이끌어 내는 주체로 인식되고 있습니다. 소비자들은 제품이나 서비스를 선택함에 있어 기업의 사회적 활동을 신중하게 고려하며, 그 선택이 어떻게 사회에 긍정적인 영향을 미칠지를 고민합니다. 소비의 주체로서의 새로운 역할은 우리가 개개인의 소비 행동이 어떻게 더 큰 의미를 지니는지를 고민하게 만듭니다.

다. 소비의 확장된 의미와 가치 부여

소비의 확장된 의미는 그 자체로 가치를 지닙니다. 더 이상 단순한 품질이나 가격만을 중요시하는 것이 아니라, 제품이나 서비스를 제공하는 기업이 어떻게 사회적 책임을 다하고 있는지가 소비의 가치를 결정하는 중요한 요소가 되었습니다. 소비자들은 제품이나 서비스의 품질뿐만 아니라, 그 제공자의 사회적 책임을 고려하여 소비의 선택을 결정하고 있습니다. 이러한 가치 부여는 소비의 확장된 의미에서 비롯된 것입니다.

제2항. 소비의 선택과 사회적 영향

가. 소비와 사회적 책임의 연계

소비와 사회적 책임은 더욱 밀접하게 연계되어 있습니다. 소비자들이 사회적 책임을 강조하며 사회적으로 의미 있는 제품이나 서비스를 선택하면, 이는 기업들에게 사회적 책임을 다하도록 유도하는 원동력이 됩니다. 소비자들의 요구 변화는 기업들이 사회적 가치를 생산하도록 촉진하고, 이로 인해 소비와 사회적 책임이 상호 작용하며 긍정적인 변화를 이끌어 내고 있습니다.

나. 소비로 형성되는 긍정적 영향

소비의 주체로서의 변화와 사회적 책임의 강조는 소비로 형성되는 긍정적 영향을 불러일으킵니다. 소비자들의 선택이 기업의 사회적 책임과 밀접한 연관성을 갖게 되면서, 기업들은 더 높은 사회적 책임을 다하도록 동기 부여를 받고 있습니다. 이는 기업들이 사회적 약자를 지원하거나 환경친화적인 경영을 추구할 때 소비자들의 긍정적인 평가를 얻게 되어, 사회적 책임이 기업의 핵심 가치로 자리 잡게 되고 있습니다.

다. 소비의 선택과 기업의 사회적 책임

소비자들의 선택은 기업들에게 강력한 메시지를 전달합니다. 소비자들이 사회적 책임을 다하는 기업을 선호하고 지지함에 따라, 기업들은 경쟁에서 뒤처지지 않기 위해 사회적 책임을 강조하는 추세를 보이고 있습니다. 기업들은 소비자들의 사회적 가치에 부합하는 제품이나 서비스를 제공하고, 이로써 소비자들의 긍정적인 선택에 영향을 미치고 있습니다.

라. 소비의 긍정적 영향과 지속 가능성

소비의 긍정적 영향은 지속 가능성과도 깊은 관련이 있습니다. 소비자들은 더욱 환경친화적이고 지속 가능한 제품이나 서비스를 선호하며, 이로 인해 기업들은 지속 가능한 비즈니스 모델을 채택하도록 유도되고 있습니다. 소비의 긍정적 영향은 사회적으로 더 공평하고 지속 가능한 미래를 향한 발전을 촉진하고 있습니다.

소비자들의 선택이 미래를 결정짓고 있습니다. 사회적 책임을 다하는 기업이 소비자들로부터 더 많은 지지를 받고 있으며, 이는 미래의 비즈니스 환경에서 사회적 책임이 더욱 중요한 요소로 부각될 것임을 시사합니다. 소비의 선택이 사회적 가치와 지속 가능성을 고려함으로써, 우리는 더 풍요로운, 공정하고 지속 가능한 미래를 향해 나아갈 수 있을 것입니다.

제5절. 기부와 자원 공유의 스마트 소비

현대 사회에서 소비는 단순히 자신의 만족을 위한 행위를 넘어, 사회적 책임을 수행하고 긍정적인 영향을 창출하는 주체로의 역할로 진화하고 있습니다. "기부와 자원 공유의 스마트 소비: 기부문화의 확산"에 대한 논의는 소비의 의미를 더욱 깊이 있게 이해하고, 소비가 어떻게 사회적 책임을 수행하며 긍정적인 영향력을 행사할 수 있는지를 다루고 있습니다.

제1항. 기부 문화의 확산과 소비자의 선택

가. 기부 문화의 확산과 스마트 소비의 새로운 지평

기부와 자원 공유는 이제 더 이상 소수의 예외적인 행동이 아닌, 전반적으로 확산되고 있는 흐름 중 하나입니다. 소비자들은 더 이상 단순한 소비로만 만족하지 않으며, 자신의 소비 행동이 어떻게 사회적 가치를 창출하는 데 기여할 수 있는지에 대한 관심을 가지고 있습니다. 이러한 확산은 스마트 소비의 새로운 지평을 열어 두고 있으며, 소비의 선택이 어떻게 선한 영향을 끼칠 수 있는지에 대한 새로운 인식을 가져오고 있습니다.

나. 기부의 새로운 의미와 다양성

기부는 이제 물건이나 돈을 나누는 단순한 행위를 넘어, 스마트 소비의 중요한 요소로 자리 잡고 있습니다. 기부는 물론 돈이나 물건을 나누는 행위일 수 있지만, 더 나아가 시간, 지식, 경험 등 다양한 형태의 자원을 공유하는 것으로도 이해되고 있습니다. 이로써 기부는 자원을 나누는 행위뿐만 아니라, 사회적 연대와 상호 협력을 통해 더 나은 세상을 창출하는 과정으로도 인식되고 있습니다.

다. 기부 문화의 확산과 소비자의 선택

기부 문화의 확산은 소비자들의 선택에 큰 영향을 미치고 있습니다. 소비자들은 이제 기업이나 브랜드가 사회적 책임을 다하고 있는지에 주목하며, 그에 따라 제품이나 서비스를 선택하는 경향이 높아지고 있습니다. 기부와 자원 공유는 소비자들이 브랜드를 선택하는 결정에 있어 중요한 요소로 떠오르고 있습니다. 이는 소비의 선택이 어떻게 기부 문화를 통해 사회적으로 긍정적인 영향을 미칠 수 있는지를 보여 주는 중요한 사례입니다.

제2항. 스마트 소비와 기부 문화의 확산

가. 스마트 소비의 새로운 지평

스마트 소비는 단순한 소비가 아닌, 더 나은 미래를 위한 투자로서의 새로운 의미를 찾고 있습니다. 소비자들은 소비만으로는 너무 개인적인 만족에 그치는 것 같다는 인식을 갖고 있으며, 이에 대한 해답으로 기부와 자원 공유를 스마트 소비의 핵심 개념으로 받아들이고 있습니다. 이러한 개념은 소비의 새로운 지평을 제시하며, 사회적으로 더 공정하고 지속 가능한 미래를 향한 발전을 이끌어 내고 있습니다.

나. 기부와 환경 지속 가능성의 연계

기부와 환경 지속 가능성은 긴밀한 연관성을 가지고 있습니다. 많은 기업들이 기부와 환경친화적인 활동을 결합하여 소비자들에게 두 마리 토끼를 잡을 수 있는 기회를 제공하고 있습니다. 환경에 미치는 부정적인 영향을 최소화하면서 동시에 사회적 책임을 다하는 기업들이 소비자들로부터 높은 평가를 받고, 이는 환경 지속 가능성과 소비의 긍정적인 상호 작용을 이끌어 내고 있습니다.

다. 기부와 자원 공유의 확산에 따른 긍정적 영향

기부와 자원 공유의 확산은 다양한 긍정적인 영향을 가져오고 있습니다. 먼저, 이는 사회적 책임을 다하는 기업들이 소비자들로부터 높은 평가를 받을 수 있도록 견인하고 있습니다. 둘째, 소비자들의 브랜드 선택이 사회적 가치 창출에 기여함으로써, 브랜드들은 자연스럽게 사회적 책임을 강조하게 되어 있습니다. 이러한 긍정적 영향은 소비자, 기업, 그리고 사회 모두에게 이로운 결과를 초래하고 있습니다.

라. 스마트 소비의 미래: 기부 문화와 지속 가능성

스마트 소비의 미래는 기부 문화와 지속 가능성이 향한 방향으로 나아갑니다. 소비자들은 브랜드의 가치와 실천하는 사회적 책임에 주목하게 되며, 이는 기업들이 지속 가능한 경영과 사회적 책임을 더욱 강조할 필요성을 제기하고 있습니다. 더 나아가, 기부와 자원 공유는 소비의 새로운 지평을 열어 두고, 이를 통해 사회적으로 더 공정하고 지속 가능한 미래를 향해 나아가는 발전을 이끌어 내고 있습니다.

이상에서 우리는 소비의 의미가 어떻게 변화하고 있는지, 그중에서도 기부와 자원 공유가 어떻게 스마트 소비의 핵심으로 떠오르고 있는지를 논리적으로 탐구했습니다. 이러한 흐름은 소비를 통해 사회적 책임을 다하고 긍정적인 영향을 끼치는 미래를 열어 두고 있습니다. 소비의 힘을 이용하여 우리의 선택이 사회에 미치는 긍정적인 영향을 최대화하며, 스마트 소비가 우리의 삶과 사회를 더욱 향상시킬 수 있도록 함께 노력해 나가야 합니다.

제6절. 건전한 소비와 개인 및 사회적 행복

현대 사회에서 소비는 단순한 소비 행위를 넘어, 개인과 사회의 행복에 긍정적인 영향을 끼칠 수 있는 중요한 영역으로 부상하고 있습니다. "개인과 사회의 발전을 위한 건전한 소비의 역할"이란 주제로 이번 절에서는 소비의 본질과 그 행동이 어떻게 우리 개인과 사회의 행복을 형성하는지를 탐구해 보고, 이를 통해 건전한 소비가 우리의 미래를 어떻게 모색하고 있는지를 알아보고자 합니다.

제1항. 건전한 소비와 행복의 연관성

가. 건전한 소비의 중요성

소비는 오랜 세월 동안 자신의 만족과 욕구 충족을 위한 행위로 인식되어 왔습니다. 그러나 현대 사회에서는 이러한 전통적인 관점을 넘어, 건전한 소비의 중요성이 부각되고 있습니다. 소비의 의미는 단순한 소비 행위가 아니라, 더 나은 삶과 지속 가능한 사회 발전을 위한 핵심 요소로서 부각되고 있습니다.

나. 건전한 소비와 개인 행복의 조화

건전한 소비는 개인 행복과 밀접한 연관성을 가지고 있습니다. 소비자가 신중하게 제품을 선택하고 소비하는 경우, 그 행위는 자신의 가치와 목표에 부합하는 것을 찾아내어 만족도를 높일 수 있습니다. 이는 건전한 소비가 단순히 물질적인 만족을 초월하여 개인의 심리적인 측면에서도 행복을 창출한다는 점을 강조합니다.

다. 건전한 소비와 사회적 가치의 결합

건전한 소비는 또한 사회적 가치와의 조화를 추구합니다. 소비자가 사회적 책임을 고려한 제품을 선택하거나 지속 가능한 브랜드를 선호하는 경우, 그 행동은 단순한 자기중심적인 만족이 아닌 사회적인 측면에서도 의미 있게 작용합니다. 이로 인해 소비는 더 큰 의미를 부여받게 되며, 사회적 책임이 결합된 소비 행동은 자연스럽게 더 높은 만족도와 행복을 초래합니다.

제2항. 건전한 소비와 사회적 책임의 상관관계

가. 소비의 사회적 책임과 행복의 연관성

소비의 사회적 책임은 건전한 소비의 핵심 중 하나입니다. 소비자가 환경친화적인 제품을 선택하거나 기부 활동에 참여함으로써, 그 행동은 자연스럽게 사회적 가치를 높이고 사회에 긍정적인 영향을 끼칩니다. 이러한 사회적 책임이 함께 이루어질 때, 소비자는 자신의 행복과 동시에 사회적인 성취를 느낄 수 있습니다.

나. 소비 행동의 긍정적 사회적 영향력

건전한 소비는 사회적 발전을 향한 중요한 역할을 수행합니다. 소비자들이 더욱 신중하게 제품을 선택하고 기업이 사회적 책임을 다할 것을 요구할수록, 기업들은 더 나은 제품과 서비스를 제공하며 사회에 긍정적인 영향을 미칠 수 있습니다. 이는 결국 사회의 지속적인 발전과 발전된 제품과 서비스의 등장을 이끌어 내어 우리의 삶을 더욱 향상시킬 것입니다.

다. 건전한 소비와 지속 가능한 행복

소비의 미래는 건전한 소비와 지속 가능한 행복이라는 목표를 향해 나아갑니다. 소비자들은 더 나은 미래를 위해 브랜드의 사회적 책임과 가치에 주목하며, 이는 기업들에게 더 높은 수준의 사회적 책임과 지속 가능성을 추구하도록 격려하고 있습니다. 건전한 소비가 더욱 확산될수록, 사회는 더 공정하고 지속 가능한 방향으로 나아갈 것입니다.

이상과 같이 우리는 소비가 어떻게 우리 개인의 행복과 사회의 발전을 동시에 이루어 내는지를 논리적으로 탐구했습니다. 건전한 소비의 지속적인 역할은 우리의 삶을 더욱 의미 있게 만들고, 사회에 긍정적인 변화를 일으키며, 이는 결국 지속 가능한 행복의 창출로 이어질 것입니다. 개인과 사회가 함께 걸어가는 이 길에서, 건전한 소비가 우리의 미래를 밝게 비추길 기대해 봅니다.

제4장

건강한 소비와 환경적 책임

제1절. 건강한 소비의 개념

인생은 선택과 소비의 연속이며, 이 선택이 우리의 건강에 어떠한 영향을 미치는지를 고려할 때, 건강한 소비는 우리가 100세의 나이까지 건강하고 행복한 삶을 살 수 있는 핵심적인 역할을 합니다. 이번 절에서는 건강한 소비의 개념을 살펴보고, 그것이 어떻게 우리의 신체적, 정신적 건강에 기여하는지를 중점적으로 다루고자 합니다.

제1항. 건강한 소비의 정의

가. 건강한 소비의 본질

건강한 소비란 우리의 삶을 향상시키는 행위로, 단순한 물리적 측면뿐만 아니라 정신적인 측면에서도 긍정적인 영향을 끼칩니다. 이는 자기 자신에 대한 투자를 의미하며, 단기간의 쾌락에 그치지 않고 장기적인 건강과 행복에 이바지합니다.

나. 자기 건강에 투자하기

건강한 식습관과 꾸준한 운동은 우리의 신체적 건강을 유지하는 데 필수적입니다. 신체적 활동은 심장을 강화하고 근육을 유지하며, 신경계를 안정시키는 효과를 가져옵니다. 그뿐만 아니라 건강한 식단은 영양소를 균형 있게 섭취함으로써 몸에 필요한 에너지를 제공하며, 면역 체계를 강화하여 질병으로부터 보호합니다. 그러나 건강한 소비는 식사와 운동에 국한되지 않습니다. 품질 높은 수면은 정신적, 생리학적 건강에 큰 영향을 미치며, 휴식을 통한 스트레스 관리는 더 나은 정신적 상태를 촉진합니다. 정기적인 의료 검진과 건강한 생활 습관은 질병을 예방하고 조기 발견하는 데 도움을 줍니다.

제2항. 건강한 소비의 역할

가. 정신적 건강을 위한 소비

건강한 소비는 단순히 신체적인 측면뿐만 아니라 정신적인 측면에서도 중요합니다. 독서, 예술, 문화 활동에 시간과 에너지를 투자하는 것은 정신적 적응력을 향상시키고 창의성을 증진시킵니다. 건강한 소비는 긍정적인 마음가짐을 유지하고 스트레스를 완화하는 데에 도움이 됩니다. 소비의 목적 또한 정신적 건강에 큰 영향을 미칩니다. 물품이나 경험을 획득함으로써 우리는 자기만족감과 보람을 얻을 수 있습니다. 그러나 과도한 소비는 오히려 불안을 유발하고 소비 후에 후회를 남길 수 있습니다. 따라서 건강한 소비는 신중한 선택과 균형 잡힌 소비를 의미합니다.

나. 지속 가능한 소비와 환경적 책임

건강한 소비의 한 측면은 환경적 책임을 다하는 것입니다. 지속 가능한 소비는 소비 습관이 환경에 미치는 영향을 고려합니다. 재생 가능한 자원을 사용하고, 환경친화적인 제품을 선택하며, 에너지 소비를 줄이는 등의 노력을 통해 우리는 환경적 책임을 다할 수 있습니다. 더불어 소비자로서 기업에게 환경친화적인 생산 방식을 채택하도록 요구하고, 지속 가능한 비즈니스를 선호하는 선택을 통해 지속 가능한 소비문화를 유도할 수 있습니다.

건강한 소비는 우리의 삶을 더 풍요롭게 만들 수 있는 강력한 수단입니다. 신체적, 정신적 건강을 향상시키고 지속 가능한 환경을 위한 책임을 다하면서, 우리는 미래에 걸친 행복한 100세 삶을 꾸릴 수 있습니다. 소비의 중요성을 이해하고, 그것이 우리의 건강과 환경에 미치는 영향을 고려하며, 지혜롭게 소비함으로써 우리는 보다 긍정적이고 지속 가능한 미래를 창조할 수 있을 것입니다. 건강한 소비는 우리의 개인적인 행복뿐만 아니라 지구 전체의 행복과 번영에도 기여할 것입니다.

제2절. 건강한 소비의 중요성

인생은 선택의 연속이며, 특히 소비는 우리의 삶에 미치는 영향이 큽니다. 이번 절에서는 건강한 소비의 중요성을 탐구하며, 신체적, 정신적 건강에 미치는 긍정적인 효과를 조명하고자 합니다.

제1항. 건강한 소비의 필요성

가. 신체적 건강의 향상

건강한 소비의 첫 번째 이점은 우리의 신체적 건강 향상에 있습니다. 올바른 식습관과 꾸준한 운동은 우리의 심장과 근육을 강화하며, 신체적 활동을 통해 스트레스를 효과적으로 해소합니다. 건강한 식단은 영양소를 균형 있게 섭취하여 우리의 몸이 필요로 하는 에너지를 얻게 하며, 면역 체계를 강화하여 질병으로부터 보호합니다. 휴식과 수면의 중요성도 간과할 수 없습니다. 충분한 휴식과 깊은 수면은 우리의 몸이 회복하고 재생하는 데 도움을 주며, 신체적인 균형을 유지하는 데에 중요한 역할을 합니다.

나. 정신적 건강의 강화

건강한 소비는 우리의 정신적 건강에도 긍정적인 영향을 미칩니다. 문화 활동, 예술, 독서 등의 소비 경험은 우리의 정신적 적응력과 감정적 안정성을 향상시킵니다. 이는 긍정적인 마음가짐을 유지하고 스트레스에 효과적으로 대처하는 데 도움이 됩니다. 새로운 경험과 다양한 활동을 통한 소비는 우리의 인생에 다양성을 불어넣어 성장과 발전을 이끌어 냅니다. 새로운 도전과 경험은 우리를 더 강하게 만들며, 이는 행복과 만족을 촉진시키는 중요한 원동력으로 작용합니다.

제2항. 건강한 소비의 효과

가. 삶의 질의 향상

건강한 소비는 우리의 일상 삶의 질을 향상시킵니다. 품질 좋은 제품이나 특별한 경험들은 우리에게 더 큰 만족감과 행복을 선사합니다. 이를 통해 우리는 더 긍정적인 에너지를 얻으며, 업무나 사회적 관계에서 더 나은 성과를 이끌어 내는 데에 도움이 됩니다. 삶의 질의 향상은 우리가 마주치는 어려움에 대처하는 데 있어서도 중요한 역할을 합니다. 긍정적인 마인드셋은 우리를 도전에 맞서게 하고, 어려움을 극복하는 데 도움이 되며, 이는 삶의 질을 향상시키는 중요한 동력으로 작용합니다.

나. 환경적 책임과 지속 가능성

건강한 소비는 우리의 환경적 책임을 강조합니다. 지속 가능한 소비 습관은 지구 환경에 미치는 부정적인 영향을 최소화하려는 노력을 의미합니다. 재생 가능한 자원을 사용하고, 친환경 제품을 선택하며, 에너지 소비를 줄이는 등의 노력은 우리가 지속 가능한 미래를 위한 책임을 다하는 한 부분입니다. 우리의 환경적 책임을 다하는 것은 결국 우리의 자녀와 그 이후 세대에게 더 나은 지구를 상속하는 데에 도움이 됩니다. 건강한 소비가 지속 가능성과 결합됨으로써, 우리는 미래를 위한 긍정적인 영향력을 행사하고 있습니다.

건강한 소비는 우리의 삶에 긍정적인 변화를 가져옵니다. 신체적, 정신적 건강의 향상과 함께, 우리의 삶의 질을 향상시키는 열쇠 역할을 합니다. 더불어 환경적 책임과 지속 가능성을 고려함으로써, 우리는 미래를 위한 지속 가능한 삶의 방식을 개척하고 있습니다. 건강한 소비는 우리가 100세의 노년까지 행복하고 만족스러운 삶을 살 수 있도록 이끌어 주는 길이며, 이를 통해 우리는 더 나은 세상을 만들어 나갈 수 있을 것입니다.

제3절. 운동과 소비의 상호 작용

인생은 지속적인 선택과 행동의 연속입니다. 특히 건강한 소비와 활동적인 라이프스타일은 우리의 100세의 여정에서 행복하고 만족스러운 삶을 구축하는 데에 필수적인 구성 요소로 작용합니다. 이번 절에서는 운동과 소비가 어떻게 상호 작용하며 활동적인 라이프스타일을 형성하고 향상시키는지에 대해 논의하고자 합니다.

제1항. 운동과 건강한 소비의 필요성

가. 운동의 필요성과 건강한 라이프스타일

건강한 라이프스타일의 출발점은 운동의 필요성에 놓여 있습니다. 운동은 우리의 신체적 건강을 유지하고 증진하는 데에 핵심적인 역할을 합니다. 물리적 활동은 심장과 근육을 강화하며, 체지방을 감소시켜 몸의 기능을 최적화합니다. 그러나 운동은 단순히 신체적인 측면뿐만 아니라 정신적인 측면에서도 긍정적인 영향을 끼칩니다. 스트레스 해소에 도움이 되고, 기분을 개선하며, 자아 존중감을 증진시킵니다. 운동은 건강한 라이프스타일의 핵심 요소로 작용하며, 이는 건강한 소비 습관과 함께 어우러져 더 큰 효과를 낳습니다. 적절한 식습관과 함께 운동을 추구하면 몸과 마음의 균형을 유지하며, 삶의 활력을 높일 수 있습니다.

나. 운동 기구의 선택과 건강한 소비

건강한 라이프스타일은 운동 기구와 스포츠의 선택에서 출발합니다.

적절한 활동을 선택함으로써 우리는 운동을 즐겁게 유지하고 꾸준히 이어 갈 수 있습니다. 다양한 스포츠와 운동 경험을 통해 자신에게 가장 알맞은 운동을 찾아나가는 것은 중요합니다. 게다가, 건강한 소비 습관의 일환으로 운동 기구의 선택도 매우 중요합니다. 품질 좋은 운동 기구를 선택하면 운동 효과를 극대화할 뿐 아니라, 장기적으로 건강에 투자하는 것으로 이어집니다. 환경에 친화적이며 내구성 있는 운동 기구를 선택함으로써 지속 가능한 소비의 일환으로 환경적 책임을 다할 수 있습니다.

제2항. 건강한 라이프스타일과 환경적 책임

가. 건강한 라이프스타일의 긍정적 효과

운동과 건강한 소비는 서로를 보완하며 조화롭게 어우러질 수 있습니다. 활동적인 라이프스타일은 건강한 소비 습관을 강화하고, 이는 자연스럽게 건강한 라이프스타일을 추구하는 데에 이바지합니다. 운동을 통해 몸과 마음이 활기차게 변하면, 우리는 건강한 음식 선택에 대한 관심을 증가시키며, 미래에 걸친 건강에 투자하는 삶의 방식이 자연스럽게 새로워집니다. 또한, 운동을 통한 쾌적한 경험은 자기 계발과 성취를 도모하며, 이는 소비에 대한 새로운 시각을 제공합니다. 긍정적인 라이프스타일은 더 나은 제품과 경험을 추구하게 만들어, 건강한 소비의 중요성을 깨닫게 합니다.

나. 지속 가능한 소비의 시각에서의 운동

지속 가능성은 우리의 라이프스타일에서 더욱 중요한 위치를 차지하고 있습니다. 건강한 소비와 활동적인 라이프스타일은 지속 가능한 소비문화를 형성할 수 있는 힘을 지니고 있습니다. 활동적인 라이프스타일은 지속 가능한 교통수단을 선택하고, 친환경적인 방식으로 이동하는 등의 노력을 통해 지속 가능한 소비의 부분으로서 환경적 책임을 다하는 것이 가능합니다. 운동 기구나 의류의 소비 또한 지속 가능성을 고려한 선택이 필요합니다. 재생 가능한 자원을 활용하고 친환경적인 소재를 선호함으로써, 우리는 환경에 미치는 영향을 최소화하고 지속 가능한 소비문화를 유도할 수 있습니다.

운동과 소비는 서로를 보완하며 건강한 라이프스타일을 형성합니다. 운동을 통해 건강을 유지하고 활기찬 삶을 살며, 건강한 소비로 지속 가능한 미래를 준비합니다. 활동적인 라이프스타일은 건강한 소비 습관을 강화하고, 이는 결국 더 나은 삶을 위한 지속 가능한 소비문화를 유도합니다. 건강한 소비와 활동적인 라이프스타일이 어우러진다면, 우리는 100세 삶을 행복하고 만족스럽게 살아갈 수 있는 길을 찾게 될 것입니다.

제4절. 환경을 고려한 건강한 소비 습관

우리의 삶은 지속적인 선택과 행동의 연속입니다. 특히 건강한 소비와 환경적 책임은 우리의 삶에 긍정적인 영향을 끼칠 수 있는 중요한 주제입니다. 이번 절에서는 환경을 고려한 건강한 소비 습관에 초점을 맞추어, 친환경 제품 선택의 중요성과 그 영향력에 대해 논의해 보고자 합니다.

제1항. 친환경 제품의 선택과 건강한 소비

가. 친환경 제품의 개념과 중요성

환경을 고려한 건강한 소비는 친환경 제품을 선택함으로써 실현됩니다. 친환경 제품은 제조, 사용, 폐기 단계에서 환경에 미치는 부정적인 영향을 최소화한 제품을 의미합니다. 이는 지속 가능한 자원 활용, 환경친화적인 생산 방식, 재활용 가능한 소재 등의 특성을 갖춘 제품을 포함합니다. 친환경 제품 선택의 중요성은 환경 보전뿐만 아니라 개인의 건강과도 연관이 있습니다. 화학 물질이나 유해 물질이 적게 사용된 제품은 사용자에게 미치는 부작용을 줄여 주며, 이는 건강한 소비 습관을 형성하는 데에 도움이 됩니다. 또한, 지속 가능한 소비는 더 나은 미래를 위한 책임감 있는 소비문화를 조성합니다.

나. 친환경 제품 선택의 이점

(가) 환경적 영향 최소화: 친환경 제품 선택은 지구 환경에 미치는 부정적인 영향을 최소화하는 데 기여합니다. 지속 가능한 자원 사용과

친환경적인 생산 방식은 생태계와 생물 다양성을 보호하며, 환경 오염을 감소시킵니다. 이는 우리의 자연환경을 보존하고 지구의 지속 가능성을 높이는 데에 기여합니다.

(나) 개인 건강 증진: 친환경 제품은 화학 물질과 유해 물질을 최소화하고, 자연 친화적인 소재를 사용해 만들어지기 때문에 개인의 건강에도 긍정적인 영향을 미칩니다. 피부 알레르기나 호흡기 질환과 같은 건강 문제를 예방하고 개선하는 데에 도움이 됩니다.

(다) 삶의 질 향상: 친환경 제품은 종종 높은 품질과 성능을 제공합니다. 지속 가능한 제품은 내구성이 뛰어나며, 장기적으로는 소비자에게 추가적인 비용을 절약할 수 있게 해 줍니다. 이는 삶의 질을 향상시키는 데 기여하며, 친환경 제품을 통한 소비 습관은 미래를 위한 현명한 투자로 이어집니다.

제2항. 친환경 제품의 선택과 친환경 소비의 미래

가. 친환경 제품 선택의 어려움과 극복 방법

친환경 제품 선택은 때로 소비자에게 어려움을 주는 일이 있습니다. 더 높은 가격, 제품의 가용성, 정보 부족 등이 이에 해당합니다. 그러나 이러한 어려움을 극복하기 위해서는 몇 가지 전략을 고려할 수 있습니다.

(가) 정보 습득: 소비자는 친환경 제품에 대한 정보를 습득하는 것이 중요합니다. 제품에 대한 정보를 철저히 조사하고 라벨링을 읽는 습관을 들이는 것이 환경적 책임을 다하는 첫걸음입니다. 정부의 환

경 인증이나 기업의 지속 가능성 노력을 확인하는 것도 도움이 됩니다.

(나) 소비 습관 개선: 소비자는 소비 습관을 개선하면서 친환경 제품을 선택할 수 있습니다. 더 나은 품질의 제품에 투자하고, 필요하지 않은 소비를 줄이며, 재사용과 재활용을 적극적으로 실천하는 것이 중요합니다. 이러한 소비 습관의 변화는 더 나은 환경을 위한 노력의 일환으로 이어질 수 있습니다.

(다) 지역적 자원 활용: 지역적 자원을 활용하는 것도 친환경 소비의 한 방법입니다. 지역에서 생산된 제품을 선호하고 지역적인 시장을 지원함으로써 환경적인 영향을 줄일 수 있습니다. 지역적인 생산은 운송에 따른 에너지 소모를 감소시키고 지역 경제에 기여함으로써 지속 가능한 소비문화를 유도합니다.

나. 친환경 소비의 미래

친환경 소비는 미래의 주요 트렌드 중 하나로 부상하고 있습니다. 기업들은 환경친화적인 제품 라인을 확장하고 지속 가능한 생산 방식을 도입하는 등 친환경 소비문화를 활성화시키기 위해 노력하고 있습니다. 또한 소비자들은 환경적 책임을 갖추고 지구 환경을 보호하기 위해 더 나은 선택을 하고자 하는 움직임을 보이고 있습니다.

환경을 고려한 건강한 소비 습관은 친환경 제품을 선택함으로써 가능합니다. 친환경 제품은 개인의 건강을 증진시키고 지구 환경을 보존하는 데에 기여합니다. 소비자는 정보 습득과 소비 습관의 개선을 통해 친환경 제품을 선택하는 데에 어려움을 극복할 수 있습니다. 미래의 소비 트렌드는 친환경 소비문화를 높이는 방향으로 향하고 있으며, 우리는 환경적 책임을 갖춘 소비 습관을 통해 더 건강하고 지속 가능한 미래를 향해 나아갈 것입니다.

제5절. 환경친화적인 스마트 소비

인간은 지속적인 변화와 발전을 거듭하며, 특히 소비의 영역에서 건강과 환경적 책임은 더욱 중요한 주제로 떠오르고 있습니다. 이번 절에서는 "환경친화적인 스마트 소비"를 주제로 삼아, 현대 사회에서 지속 가능한 소비의 필요성과 그 중요성에 대해 논의하고자 합니다.

제1항. 환경친화적인 스마트 소비의 필요성

가. 환경친화적인 스마트 소비의 개념

환경친화적인 스마트 소비는 소비자가 지적으로 제품을 선택하면서 동시에 환경적 책임을 다하는 개념을 내포하고 있습니다. 이는 다양한 측면을 고려하며, 지속 가능한 생활 방식을 채택하여 소비의 의미를 새롭게 정립하는 것을 목표로 합니다. 환경친화적인 스마트 소비는 단순한 소비 행위를 넘어, 소비와 환경 사이의 조화를 추구하는 철학으로 해석될 수 있습니다.

나. 지속 가능한 소비의 필요성

(가) 자원의 한계성과 환경 파괴: 현대 소비문화는 무분별한 소비로 지구의 자원을 지나치게 소모하고 있습니다. 이러한 행동으로 인해 자원의 한계에 다가가며 환경 파괴가 가속화되고 있습니다. 따라서 지속 가능한 소비는 이러한 자원의 한계성을 고려하여 미래 세대를 위해 자원을 보존하고자 하는 필요성을 강조하고 있습니다.

(나) 기후 변화와의 전쟁: 기후 변화는 우리의 행동에 의해 가속화되고 있습니다. 소비자들이 환경친화적인 스마트 소비를 통해 온실가스를 줄이고 친환경 제품을 선호함으로써, 우리는 지구의 기후 변화와의 전쟁에서 주요한 역할을 할 수 있습니다. 소비의 선택이 지구의 미래를 결정짓는 중요한 도구로 작용하고 있습니다.

(다) 환경적 책임과 도덕성: 소비자의 선택은 기업의 생산 방식과 직접적으로 연결되어 있습니다. 환경친화적인 스마트 소비를 통해 소비자는 기업에게 환경적 책임을 요구하는 힘을 가집니다. 도덕적이고 환경친화적인 제품을 선호함으로써, 소비자는 기업들에게 지속 가능한 생산 방식으로의 전환을 촉구할 수 있습니다.

제2항. 환경친화적인 스마트 소비의 효과

가. 환경 보호와 자원 절약

환경친화적인 스마트 소비는 환경 보호와 자원 절약에 직결됩니다. 재생 가능한 에너지를 활용하는 제품을 선택하거나, 소비자가 재활용에 적극적으로 참여함으로써 우리는 지구의 생태계를 보호하고 자원의 효율적인 사용을 촉진할 수 있습니다.

나. 혁신과 경제 성장

지속 가능한 소비는 새로운 기술과 혁신을 촉진합니다. 기업들이 친환경 제품 개발에 투자하고, 소비자들이 이를 선호함으로써, 친환경 기술의 발전을 촉발시킵니다. 이는 결과적으로 더 지속 가능하고 혁신적인 경제 성장을 이끌어 낼 수 있습니다.

다. 건강한 라이프스타일

환경친화적인 스마트 소비는 개인의 건강에도 긍정적인 영향을 미칩니다. 유해 물질이 적게 사용된 제품이나 유기농 식품을 선택함으로써 소비자는 자신의 건강을 증진시키는 동시에 지속 가능한 소비문화를 형성합니다.

라. 미래의 지속 가능한 소비

환경친화적인 스마트 소비는 미래의 지속 가능한 소비를 이끌어 낼 열쇠입니다. 소비자들이 지속 가능성을 고려하며 제품을 선택함으로써 우리는 지구의 환경을 보호하고 미래 세대에게 더 나은 세계를 남길 수 있습니다. 지속 가능한 소비는 개인의 행동이 세계를 변화시킬 수 있다는 확신 속에 뿌리를 두고 있습니다.

환경친화적인 스마트 소비는 지속 가능한 미래를 향한 첫걸음입니다. 소비자들은 환경과의 조화를 이루며, 건강한 라이프스타일을 추구할 수 있습니다. 어려움은 있겠지만 교육과 정보를 통해 소비자들은 더 나은 선택을 할 수 있을 것입니다. 우리는 모두가 함께 더 나은 미래를 위해 환경친화적인 스마트 소비의 중요성을 이해하고 실천할 때, 지구는 더욱 건강하고 아름다운 곳으로 발전할 것입니다.

제6절. 친환경 소비와 지속 가능성

인간의 삶은 끊임없는 변화와 발전을 거듭하며, 특히 소비의 영역에서 건강과 환경적 책임은 더욱 중요한 주제로 부각되고 있습니다. 이번 절에서는 "친환경 소비와 지속 가능성: 친환경 소비와 지구촌 행복의 연결"이란 주제로, 우리의 소비 선택이 어떻게 지구 환경과 인간의 행복에 긍정적인 영향을 미칠 수 있는지 살펴보겠습니다.

제1항. 친환경 소비와 지구촌 행복의 연관성

가. 친환경 소비의 개념

친환경 소비는 소비자가 환경적 영향을 염두에 두며 제품을 선택하고 사용하는 행위를 지칭합니다. 이는 지속 가능한 라이프스타일을 채택하고 지구 환경을 보호하는 측면에서의 소비 행동을 포괄하는 개념으로 볼 수 있습니다. 이러한 소비 행태는 우리의 환경적 책임을 실천하고 미래 세대를 위한 지구를 지키는 역할을 수행합니다.

나. 지구촌 행복의 정의

지구촌 행복은 단순한 개인의 행복을 넘어, 지구상 모든 이들이 지속 가능하게 행복하게 살아갈 수 있는 상태를 의미합니다. 이는 환경적 균형과 안정성, 사회적 공정성, 경제적 번영 등을 종합적으로 고려한 개념입니다. 친환경 소비는 이러한 지구촌 행복을 추구하며, 지구의 생태계와 인간의 행복에 동시에 긍정적인 영향을 미칠 수 있는 중요한 수단입니다.

다. 환경 보호와 지구촌 행복

친환경 소비는 지구 환경을 보호하는 데에 핵심적인 역할을 합니다. 지속 가능한 자원 사용과 화학물질 최소화를 통해, 친환경 소비는 생태계를 보존하고 지구를 안정시키는 데 기여합니다. 이는 지구 환경의 건강한 상태를 유지함으로써 모든 이들에게 행복한 환경을 제공하는 데에 도움이 됩니다.

라. 친환경 기술과 혁신

친환경 소비는 친환경 기술과 혁신을 촉진합니다. 소비자들이 친환경 제품을 선택하고 수요를 형성함으로써, 기업들은 친환경 기술을 개발하고 적용하는 데 더욱 힘을 쓰게 됩니다. 이는 새로운 산업 분야의 성장과 일자리 창출을 유도하여 지속 가능한 경제를 형성하는 데에 기여합니다.

제2항. 친환경 소비의 긍정적 효과

가. 환경 보호 및 생태계 회복

친환경 소비는 지구의 환경을 보호하고 생태계를 회복하는 데에 중요한 역할을 합니다. 친환경 제품 선택은 유기농 제품이나 재생 가능한 에너지를 사용하는 제품을 선호함으로써, 화학물질과 온실가스를 줄일 수 있습니다. 이는 자연의 균형을 유지하고 지구의 생태계를 더욱 지속 가능하게 만듭니다.

나. 기후 변화 완화

친환경 소비는 기후 변화에 대한 완화 조치로 작용합니다. 친환경 제품의 선택은 온실가스 배출을 줄이고, 지구 온난화를 완화하는 데 기여합니다. 이러한 긍정적인 효과는 개별 소비 행동이 모여 기후 변화에 대한 상당한 영향을 미치게 하며, 지구의 기후 안정성을 유지하는 데에 도움을 줍니다.

다. 환경적 책임과 도덕성

친환경 소비는 환경적 책임과 도덕성을 증진시킵니다. 소비자들이 친환경 제품을 선택함으로써, 기업들은 환경에 대한 책임을 지고 지속 가능한 생산 방식으로 전환하도록 격려 받습니다. 이는 도덕적이고 환경친화적인 기업 문화를 형성하는 데 기여하며, 사회적 가치의 중요성을 강조합니다.

라. 친환경 소비와 지속 가능성

친환경 소비는 미래의 지속 가능한 소비를 이끌어 내는 중요한 역할을 합니다. 소비자들이 지속 가능성을 고려하며 제품을 선택함으로써, 우리는 지구의 환경을 보호하고 미래 세대를 위한 지속 가능한 미래를 향한 발걸음을 내디딜 수 있습니다. 미래의 친환경 소비는 지속 가능한 경제와 사회를 형성하고, 지구촌 행복을 실현하는 길을 열어 갈 것입니다.

친환경 소비와 지속 가능성은 더 나은 미래를 향한 길을 열어 갑니다. 소비자들이 친환경 제품을 선택하고, 기업들이 친환경 생산 방식을 채택함으로써, 우리는 지구 환경을 보호하고 지속 가능한 지구촌을 건설할 수 있습니다. 이는 결국 지구촌 행복을 실현하는 것으로 이어져, 우리와 미래 세대에게 풍요로운 삶을 안겨 줄 것입니다.

제5장

윤리적 소비와 지속 가능성

제1절. 소비와 사회적 행복

소비의 본질은 우리의 삶에서 부동할 수 없는 존재로, 그 특성과 방향은 우리의 사회적 행복과 긴밀한 상관관계를 맺고 있습니다. 이에 따라 윤리적 소비와 지속 가능성이라는 두 축에 주목하며, 이것이 어떻게 경제 발전과 개인의 행복 수준을 형성하고 높일 수 있는지를 탐구해 보고자 합니다.

제1항. 소비의 지속 가능성

가. 소비의 측면에서 본 경제 발전과 행복 수준

경제 발전은 우리 사회가 가는 길을 결정짓는 중요한 고려 요소 중 하나입니다. 소비가 이러한 경제적 발전에 어떻게 기여하는지를 이해하기 위해서는 먼저 소비의 측면에서 경제 발전이 어떻게 일어나는지 살펴보아야 합니다. 소비는 국내 산업의 성장과 직결되어 있습니다. 소비자들이 물건이나 서비스를 구입함으로써 수요가 증가하면, 기업은 더 많은 생산과 고용 창출이 가능해지는데, 이는 국가 경제를 성장시키는 원동력으로 작용합니다. 즉, 소비가 높으면 경제는 활기를 띠게 되고, 이는 다시 개인의 행복 수준에 긍정적인 영향을 미칩니다. 물론 이는 무분별한 소비를 권장하는 것이 아닌, 지속 가능하고 지혜로운 소비를 통한 경제 발전을 강조하는 것입니다.

나. 지속 가능한 소비의 정의와 중요성

지속 가능한 소비란 현재의 소비가 미래 세대의 환경, 사회, 경제적인 요구와 가능성을 해치지 않도록 하는 소비 행동을 의미합니다. 이는 환경적, 사회적, 경제적 측면에서 고려되어야 할 중요한 원칙 중 하나입니다. 우리가 현재의 소비 선택에서 지속 가능성을 고려함으로써, 미래 세대에게 깨끗하고 풍요로운 환경을 남길 수 있는 기반을 마련할 수 있습니다. 환경 보호는 현재와 미래의 세대에게 공통적으로 중요한 이슈입니다. 지속 가능한 소비는 자원의 효율적 활용과 환경 오염의 최소화를 추구하는 방향으로 나아갑니다.

제2항. 소비의 지속 가능성과 사회적 행복

가. 자원의 효율적 활용

우리가 선택하는 제품과 서비스의 생산 과정, 원료 사용, 포장 방법 등이 자원의 효율적 활용과 관련이 있습니다. 소비자들이 자원 소비의 효율성을 고려하여 제품을 선택하면, 기업들은 이에 부응하기 위해 노력하게 됩니다. 이는 자연환경을 보호하고 미래 세대에게 깨끗하고 풍요로운 자원을 남길 수 있는 방향으로 나아가게 합니다.

나. 지속 가능한 소비와 기후 변화

기후 변화는 더 이상 무시할 수 없는 현실로 대두되고 있습니다. 온실가스 배출을 줄이고 지구 온난화를 막기 위해서는 소비의 지속 가능성이 필수적입니다. 우리의 소비 선택이 기후 변화에 어떤 영향을 미치는지 고려함으로써, 미래 세대에게 더 안정적이고 지속 가능한 환경을 제공할 수 있을 것입니다.

다. 소비의 미학을 통한 지속 가능한 사회와 행복한 개인

지속 가능한 소비와 윤리적 소비는 소비의 미학을 통해 조화롭게 결합될 수 있습니다. 경제 발전과 개인의 행복 수준을 높이는 데에 기여하면서도, 동시에 지속 가능한 방향으로 나아가는 소비문화를 정착시킴으로써 우리는 보다 밝은 미래를 향해 전진할 수 있을 것입니다.

소비는 우리의 삶에서 떼 놓을 수 없는 중요한 부분입니다. 이를 통해 경제 발전과 개인의 행복 수준을 높일 수 있을 뿐만 아니라, 지속 가능성과 윤리적 가치를 중요시하면 더 높은 수준의 사회적 행복을 창출할 수 있습니다. 소비의 미학을 통해 지속 가능한 사회와 행복한 개인은 함께 어우러져 우리의 미래를 밝게 비춰 나갈 것입니다.

제2절. 지속 가능한 소비의 중요성

우리는 현재 지구가 직면한 환경적인 위기와 자원의 고갈로 인해 새로운 시대에 접어들고 있습니다. 이에 따라 소비의 지속 가능성이라는 개념이 더욱 중요성을 갖게 되었습니다. 이번 절에서는 지속 가능한 소비가 어떻게 미래 세대에 영향을 미치며, 얼마나 중요한지에 대해 논의하고자 합니다.

제1항. 윤리적 소비와 지속 가능성의 중요성

가. 지속 가능한 소비의 필수성

지속 가능한 소비는 미래를 위한 필수적인 선택지입니다. 지구 환경의 안정을 위해서는 자원 소비와 환경 오염을 최소화하는 방향으로 소비문화를 바꾸어 나가야 합니다. 소비자가 지속 가능성을 중시하는 제품을 선택할 경우, 기업들은 이에 부응하기 위해 생산 방식을 개선하고 친환경적인 제품을 제공하게 됩니다. 이는 결국 환경 보호와 균형 있는 발전에 기여하며, 이러한 환경은 개인과 사회적 행복을 높이는 데 기여할 것입니다.

나. 사회적 책임을 갖춘 소비

그뿐만 아니라, 윤리적 소비 역시 사회적 행복의 핵심 요소입니다. 소비자가 기업의 윤리적 원칙과 사회적 책임을 주시하면, 기업들은 소비자의 기대에 부응하기 위해 노력하게 됩니다. 이는 기업이 사회에 기여하는 방식을 변화시키게 하며, 그 결과로 기업의 활동이 사회적 가치와 조화를 이루게 됩니다. 고용 창출, 교육 지원, 지역 사회 발전 등의 활동을 통해 기업이 사회적 책임을 다할 경우, 이는 사회 전반에 긍정적인 영향을 미칩니다.

다. 소비의 패러다임 변화와 개인의 행복 수준

소비의 패러다임이 변화함에 따라 개인의 행복 수준도 변화하고 있습니다. 과거에는 소비자들이 가격과 품질에 중점을 두는 경향이 있었지만, 이제는 원산지, 환경친화성, 노동 조건 등에 민감한 소비자들이 늘어나고 있습니다. 이러한 변화는 소비 선택의 기준을 높여, 소비자들이 자신의 가치와 일치하는 제품을 찾게 되어 더 큰 만족감을 느끼게 합니다. 이는 단순한 소비가 아닌 더 의미 있는 소비를 통해 개인의 삶에 만족감을 불어넣고, 결과적으로 개인의 행복 수준을 높이는 요인으로 작용합니다.

라. 윤리적 소비의 긍정적 영향

윤리적 소비는 기업들에 변화를 요구함으로써, 사회적 행복에 직접적인 영향을 미칩니다. 소비자들이 윤리적이고 사회적 책임 있는 소비를 통해 기업들을 선별하고 지지할 경우, 기업들은 자연스럽게 사회적 책임을 수행하려는 경향이 생깁니다. 이러한 상호 작용은 결국 사회 전반에 긍정적인 에너지를 전달하게 되며, 이는 사회적 행복을 증진시킵니다.

제2항. 소비의 지속 가능성과 사회적 가치

가. 노동 조건 개선 및 고용 창출

지속 가능한 소비는 단순히 환경적인 측면뿐만 아니라, 사회적인 가치에도 영향을 미칩니다. 소비자들이 제품을 선택할 때, 해당 기업의 노동 조건과 고용 창출에 대한 투명성과 책임감을 주목하게 됩니다. 이는 미래 세대에게 고용 기회와 풍요로운 사회적 환경을 제공하는 데 일조합니다.

나. 지속 가능한 비즈니스 모델

소비의 지속 가능성은 기업의 비즈니스 모델에도 영향을 미칩니다. 기업들이 환경친화적이고 사회적으로 책임 있는 비즈니스 모델을 채택하면, 이는 소비자들에게 긍정적으로 작용하게 됩니다. 미래 세대는 더 많은 기업들이 사회적 책임을 다하고 지속 가능한 비즈니스를 펼칠 것을 기대할 것입니다.

다. 소비자의 선택이 바꾸는 기업의 가치

소비자들이 지속 가능한 제품을 선호하면, 이는 기업들의 가치관을 변화시키는 원동력이 됩니다. 소비자들의 선택이 기업들의 제품과 서비스에 대한 요구를 변화시키고, 결과적으로는 사회적 가치를 중시하는 기업들이 더욱 번창할 수 있게 됩니다.

라. 긍정적인 사이클의 형성

지속 가능한 소비는 긍정적인 사이클을 형성합니다. 소비자들이 지속 가능성을 중시하면, 기업들은 이에 대응하기 위해 지속 가능한 제품을 제공하고, 이는 다시 소비자들의 선택에 영향을 미치게 됩니다. 이러한 긍정적인 사이클은 미래 세대에게 더 나은 사회와 환경을 전달하는 데 기여합니다.

소비의 지속 가능성은 우리의 미래를 결정짓는 핵심적인 요소 중 하나입니다. 환경 보호부터 사회적 가치까지, 이러한 지속 가능한 소비의 원리를 통해 미래 세대에게 더 나은 세상을 전해 줄 수 있습니다. 우리는 현재의 소비 선택이 미래를 지향하는 발걸음이 되어야 하며, 이를 통해 긍정적인 변화를 이루어 나가야 합니다.

제3절. 행복과 지속 가능성의 연관성

인간은 항상 끊임없이 행복을 추구합니다. 그러나 이 행복이 우리의 소비 행동과 어떤 관련이 있는지, 또한 이 행복이 지속 가능한 소비와 어떻게 연결되어 있는지를 생각해 볼 필요가 있습니다. 이번 절에서는 행복과 지속 가능성이 어떻게 교차되며, 우리의 일상 소비가 이 두 요소에 어떤 영향을 미치는지에 대해 고찰하고자 합니다.

제1항. 행복과 지속 가능성의 공통된 목표

가. 지속 가능한 소비의 개념과 행복

지속 가능한 소비는 우리의 소비 행동이 환경, 사회, 경제 측면에서 현재와 미래에 걸쳐 지속 가능한 영향을 미치도록 하는 원칙을 내포하고 있습니다. 이는 자연환경을 보호하고 사회적 책임을 다하며, 경제적으로도 공정한 발전을 추구하는 것을 목표로 합니다. 지속 가능한 소비가 행복과 어떻게 연결되는지를 살펴보면, 이 두 가치는 서로를 보완하고 지탱하는 공통된 목표를 갖고 있음을 알 수 있습니다.

나. 윤리적 소비와 행복의 교차로

윤리적 소비는 소비자가 윤리적인 가치와 사회적 책임을 고려하여 제품과 서비스를 선택하는 행위를 의미합니다. 이는 소비자의 선택이 기업의 노동 조건, 환경 정책, 사회적 활동 등과 일치할 때 높은 만족감과 행복을 가져다줍니다. 따라서 윤리적 소비는 소비자 스스로의 행복 수준을 높일 뿐만 아니라, 기업들에게도 사회적 책임을 다하도록 유도하여 지속 가능한 사회 구조를 형성합니다.

제2항. 지속 가능한 소비와 행복의 상호 작용

가. 환경적 행복과 지속 가능성

지속 가능한 소비는 환경적 행복과 직결되어 있습니다. 환경적 행복은 자연환경의 안정과 균형을 중시하는 삶의 방식을 의미합니다. 지속 가능한 소비는 환경친화적인 제품을 선호하고 에너지 효율적인 생활을 추구하는 행위로, 이는 자연환경을 보호하고 미래 세대에게 깨끗하고 안전한 지구를 전해 주는 데 일조합니다.

나. 사회적 행복과 윤리적 소비

윤리적 소비는 사회적 행복과도 밀접한 연관이 있습니다. 소비자가 기업의 윤리적인 가치와 사회적 책임을 고려하여 제품을 선택하면, 이는 기업들에게 사회에 기여하는 행위를 유도하게 됩니다. 고용 창출, 지역 사회 발전, 노동 환경 개선 등의 긍정적인 영향은 사회적 행복의 증진으로 이어집니다.

다. 경제적 행복과 공정한 소비

경제적 행복은 소비와 직결되어 있습니다. 그러나 이 소비가 공정하고 지속 가능한 방향으로 이루어진다면, 이는 더 큰 행복을 가져다줍니다. 소비자가 공정무역 제품을 선호하고 소비하는 동안 사회적 불평등을 고려하면, 이는 경제적 행복을 추구하는 데 도움이 되며, 동시에 지속 가능한 경제 발전을 이끌어 낼 수 있습니다.

라. 사회적 연결성과 소비

지속 가능한 소비와 윤리적 소비는 사회적 연결성을 형성하고 강화하는 데 기여합니다. 소비자들이 윤리적인 가치를 공유하고 지속 가능한 소비를 통해 소통하는 것은 사회적인 결속감을 높이는 중요한 요소입니다. 이는 더 풍요로운 사회적 네트워크를 형성하고 행복을 공유하는 데 기여합니다.

마. 개인적 성장과 지속 가능한 소비

지속 가능한 소비는 개인적 성장과 연결되어 있습니다. 소비자가 환경을 고려하며 윤리적인 선택을 하면, 이는 더 나은 시민으로서의 의식과 책임을 갖게 되는 것을 의미합니다. 이러한 개인적 성장은 더 나은 인간관계 형성과 개인의 행복에 긍정적인 방향으로 작용합니다.

행복과 지속 가능성은 우리의 삶에서 밀접한 관련을 맺고 있는 두 가지 가치입니다. 지속 가능한 소비와 윤리적 소비가 행복과 어떻게 상호 작용하고, 우리의 삶에 어떠한 긍정적인 영향을 끼치는지를 이해함으로써 우리는 더 나은 미래를 위한 길을 찾을 수 있을 것입니다. 행복과 지속 가능성을 함께 고민하고 실천하는 것이 우리 개개인과 사회에게 더 큰 행복을 안겨 줄 것입니다.

제4절. 윤리적 소비의 사회적 가치

소비는 우리가 현대 사회에서 상호 작용하고 발전하는 과정에서 핵심적인 역할을 수행합니다. 그러나 소비가 더 나은 미래를 향한 길로 이끄는 핵심적인 요소로 자리 잡으려면, 우리는 소비의 새로운 시각을 채택해야 합니다. 특히, 이번 절에서는 윤리적 소비가 어떻게 사회적 가치를 형성하고, 기업의 윤리적 소비 촉진이 이러한 사회적 가치를 높이는 데 어떤 역할을 하는지에 대해 깊이 있게 탐구하고자 합니다.

제1항. 윤리적 소비의 본질과 그 중요성

가. 소비의 새로운 의미 부여

윤리적 소비는 단순한 물건이나 서비스의 소비에 그치지 않습니다. 이는 소비자가 소비 행위에 도덕적인 가치와 사회적 책임을 함께 고려하는 의식 있는 행동으로 정의됩니다. 이러한 새로운 시각은 소비가 개인의 만족뿐만 아니라 사회 전체의 이익과 발전을 위한 힘으로 작용함을 시사합니다.

나. 기업의 윤리적 책임

윤리적 소비는 기업들에게 더 큰 책임감을 요구합니다. 더 이상 단순히 수익을 추구하는 것이 아니라, 기업은 소비자들의 윤리적 가치와 사회적 요구에 부응하고, 지속 가능한 비즈니스 모델을 수용해야 합니다. 기업의 윤리적 책임은 단순한 경영 전략을 넘어 소비자와 사회와의 긍정적 상호 작용을 위한 핵심적인 부분이 되었습니다.

다. 소비자의 윤리적 선택의 영향력

소비자들은 그들의 소비 행동을 통해 사회적인 변화를 촉발할 수 있는 강력한 주체입니다. 윤리적 소비 행동은 기업들에게 긍정적인 신호를 전송하여 사회적 책임을 다하고 지속 가능한 경영을 실현하도록 격려합니다. 소비자들의 윤리적 선택이 기업의 행동을 좌우하면서 긍정적인 피드백 루프가 형성됩니다.

제2항. 윤리적 소비와 사회적 가치

가. 기업의 사회적 책임과 윤리적 소비

기업들은 사회적 책임을 다하고 윤리적 비즈니스 모델을 수용함으로써 소비자들의 신뢰를 얻을 수 있습니다. 사회적으로 책임 있는 기업은 윤리적 소비에 대한 수요를 충족시키며, 이는 기업의 긍정적 이미지와 소비자들 간의 신뢰를 증진시킵니다.

나. 소비의 확장된 의미

윤리적 소비는 소비의 의미를 확장시킵니다. 단순한 개인의 즐거움을 위한 소비가 아니라, 윤리적 소비는 사회적 가치와 공동체 이익을 고려한 행동을 의미합니다. 이는 소비가 더 큰 사회적 의미를 지니게 하며, 사회의 발전에 기여할 수 있는 힘을 부여합니다.

다. 소비자와 기업 간의 연관성

윤리적 소비는 소비자와 기업 간의 긍정적 상호 작용을 촉진합니다. 소비자들이 윤리적 가치를 중시하면, 기업들은 이를 충족하기 위해 제품과 서비스를 제공하고, 이는 다시 소비자들의 윤리적 소비를 유도하는 긍정적인 피드백 루프를 형성합니다. 이러한 긍정적인 상호 작용은 지속 가능한 사회적 가치 창출에 크게 기여합니다.

윤리적 소비는 우리의 소비 행동이 단순한 만족에서 벗어나 개인과 사회의 더 큰 가치를 고려하는 방향으로 나아가게 하는 핵심 개념입니다. 이는 소비자와 기업 간의 긍정적인 상호 작용을 통해 사회적 가치를 형성하며, 지속 가능한 발전을 위한 길을 엽니다. 앞으로 더 많은 소비자와 기업이 윤리적 소비에 참여하고 협력함으로써, 우리는 미래를 향한 공정하고 지속 가능한 발전을 이룰 수 있을 것입니다.

제5절. 윤리적 소비와 기업 간의 상호관계

소비가 우리의 삶에 끼치는 영향은 더욱 중요한 측면을 드러내고 있습니다. 특히 윤리적 소비와 지속 가능성은 소비자와 기업 간의 상호 작용이 어떻게 서로에게 긍정적인 영향을 미치며, 이로 인해 어떻게 더 풍요로운 사회와 개인적인 행복을 창출할 수 있는지에 대한 고찰이 필요합니다.

제1항. 윤리적 소비와 기업의 사회적 책임

가. 소비자의 의식적 선택

윤리적 소비는 단순한 소비 행위를 넘어 소비자들이 물건이나 서비스를 선택할 때 도덕적 가치와 사회적 책임을 고려하는 의식적인 행동을 의미합니다. 이는 소비가 단순한 경제적 활동이 아니라, 개인의 가치와 사회적 책임을 함께 고려하는 새로운 시각을 제시합니다.

나. 기업의 사회적 책임과 윤리적 비즈니스 모델

기업들은 사회적 책임을 다하고 윤리적인 비즈니스 모델을 채택함으로써 소비자들과의 긍정적 상호 작용을 이끌어 낼 수 있습니다. 소비자들은 이제 물건이나 서비스를 선택함에 있어 기업의 사회적 책임이나 지속 가능한 비즈니스 모델을 주목하고 있습니다. 기업의 사회적 책임은 브랜드 이미지를 형성하고 긍정적인 소비자 경험을 조성하는 데 중요한 역할을 합니다.

제2항. 소비자와 기업 간의 긍정적 상호 작용

가. 소비자의 윤리적 선택과 기업의 반응

소비자들이 윤리적 가치를 중시하고 윤리적 소비를 실천할 때, 기업들은 이에 반응하여 사회적 책임을 더 높은 수준으로 다하려는 노력을 기울입니다. 소비자들의 윤리적 선택이 기업의 행동에 직접적인 영향을 미치면서, 더 나은 상호 작용을 촉진하는 기회가 제공됩니다.

나. 기업의 윤리적 책임과 소비자의 신뢰

기업들이 사회적 책임을 다하고 윤리적 행동을 채택할 때, 이는 소비자들에게 긍정적인 신호를 보냅니다. 소비자들은 윤리적이고 사회적으로 책임 있는 기업을 더 신뢰하며, 이는 브랜드 충성도를 높이고 긍정적인 소비 경험을 형성하는 데 일조합니다.

다. 사회적 연대의 증가

윤리적 소비와 기업의 사회적 책임은 사회적 연대를 촉진합니다. 소비자들이 윤리적인 선택을 통해 이들은 서로의 가치에 공감하고 연대감을 형성하게 됩니다. 이는 더 튼튼한 사회적 네트워크를 형성하고 긍정적인 사회적 영향력을 발휘하는 데 기여합니다.

라. 사회적 행복의 확산

윤리적 소비와 기업의 사회적 책임은 사회적 행복의 확산에 기여합니다. 소비자들이 지속 가능하고 윤리적인 가치를 고려하면서 소비하는 행동은 개인의 만족뿐만 아니라, 사회적 행복의 전체적인 증진을 이끌어 냅니다. 이는 사회 전체의 풍요로움과 안녕에 긍정적인 영향을 끼칩니다.

　윤리적 소비자와 기업 간의 상호 작용은 우리의 사회를 더 풍요롭게 만들 수 있는 강력한 동력입니다. 이러한 상호 작용은 소비자들이 윤리적인 선택을 통해 기업에 변화를 요구하며, 기업들이 이에 부응함으로써 더 나은 사회를 창출합니다. 앞으로 더 많은 소비자들과 기업들이 긍정적인 상호 작용을 통해 윤리적 소비와 지속 가능한 비즈니스의 가치를 높이고, 그 결과로 미래에 향한 밝은 길을 열어 나가길 희망합니다.

제6절. 사회적 책임과 기업의 경제적 성과

소비의 미학은 현대 삶에서 더욱 중요한 위치를 차지하고 있습니다. 특히, 윤리적 소비와 지속 가능성이라는 주제를 통해 우리는 소비가 어떻게 사회적 책임과 연결되며 기업의 경제적 성과에 어떠한 영향을 미치는지를 다루고자 합니다.

제1항. 기업의 사회적 책임의 경제적 가치

가. 기업의 긍정적 이미지와 브랜드 가치

사회적 책임을 다하는 기업은 긍정적인 이미지와 높은 브랜드 가치를 형성할 수 있습니다. 소비자들은 이러한 기업을 선호하며, 이는 제품이나 서비스를 선택할 때 큰 영향을 미칩니다. 기업이 사회적 책임을 다하면 소비자들은 그들의 행동이 사회적 가치를 존중하는 기업을 지지한다고 느끼게 되어 긍정적인 이미지를 형성하는 데 기여합니다.

나. 금융 시장에서의 긍정적 영향

사회적 책임이 기업의 운영에 통합되면, 이는 금융 시장에서도 긍정적인 영향을 미칩니다. 투자자들은 사회적 책임을 다하는 기업에 투자하는 것을 선호하며, 이는 기업의 주가 상승과 금융적 성과에 직결됩니다. 사회적 책임을 수행하는 기업은 투자자들의 관심을 끄는 데 성공하면서 자본 시장에서의 경쟁력을 강화할 수 있습니다.

제2항. 지속 가능성과 기업의 경제적 성과

가. 비용 절감과 효율성

지속 가능성은 기업이 비용을 절감하고 효율성을 높이는 데에도 긍정적인 영향을 미칩니다. 환경친화적인 비즈니스 모델과 생산 과정의 개선은 비용을 줄이는 효과를 가져오며, 동시에 지속 가능한 운영 방식을 채택하는 데 기여합니다. 이는 기업의 경제적 효율성을 향상시켜 경쟁우위를 확보하는 데 도움이 됩니다.

나. 시장의 수요 변화

소비자들의 요구가 지속 가능한 제품과 서비스로 점차 변화함에 따라, 기업들은 이에 맞추어 생산과 마케팅을 조절하고 있습니다. 지속 가능성을 강조하는 제품과 서비스는 새로운 소비자층을 유치하는 데에 성공하면서, 기업의 수익성을 향상시키고 있습니다.

다. 기회와 성공

기업이 사회적 책임과 지속 가능성을 실현함으로써 기회는 더욱 확장됩니다. 새로운 소비자층의 유치와 금융 시장에서의 긍정적 평가는 기업이 성공적으로 지속 가능한 비즈니스를 운영할 수 있음을 시사합니다. 지속 가능성을 통해 새로운 시장을 개척하고 성장할 수 있으며, 이는 기업의 경제적 성과를 향상시킬 것입니다.

기업이 사회적 책임을 다하고 지속 가능성을 추구하는 것이 그들의 경제적 가치를 높이는 다양한 방식을 살펴보았습니다. 도전적인 과제들이 있겠지만, 이는 새로운 기회와 성공을 열어 가는 데에 있어서의 일부일 뿐입니다. 사회적 책임과 지속 가능성은 더 나은 미래를 위한 핵심 원칙이며, 우리의 삶을 행복하고 풍요롭게 만들기 위한 필수적인 도구입니다.

제6장

행복을 위한 소비의 미학

제1절. 행복학적 시각에서의 소비

우리는 삶을 살아가면서 다양한 선택과 소비를 경험하며 행복을 추구합니다. 이러한 소비의 미학은 우리가 삶을 어떻게 바라보고, 어떤 가치를 중시하며 소비하는지에 대한 철학적 관점을 반영합니다. 특히, 행복을 추구하는 데 있어서 긍정 심리학과 소비의 연계는 중요한 역할을 합니다.

제1항. 소비 행동의 행복학적 시각

가. 소비의 행복학적 시각

행복학적 시각에서 소비란 단순히 물리적인 필요를 충족시키는 행위를 넘어, 삶의 만족도를 높이고 긍정적인 경험을 창출하는 과정으로 이해됩니다. 우리의 소비 선택은 우리의 가치관과 목표에 영향을 미치며, 이는 결국 행복과 직결되게 됩니다. 예를 들어, 자연환경을 중시하는 사람은 지속 가능한 제품을 선택함으로써 환경 보호에 기여하며 동시에 내적 만족을 얻을 것입니다. 소비의 행복학적 시각은 단순 소비에서 벗어나 '의미 있는 소비'를 강조합니다. 즉, 물질적인 소비뿐만 아니라 정신적인 풍요로움을 추구하며, 자기 계발이나 사회적 관계에 투자함으로써 더 차원 높은 행복을 창출한다는 점에서 차별화됩니다. 우리는 소비를 통해 단기적인 즐거움뿐만 아니라 장기적인 만족도를 찾아야 합니다.

나. 긍정 심리학과 소비의 조화

긍정 심리학은 우리의 삶을 더욱 향상시키기 위해 긍정적인 측면에 주목하는 학문 분야입니다. 이는 우리의 소비 행동과도 밀접한 연관이 있습니다. 긍정 심리학은 행복을 가져다주는 요인을 찾고, 이를 통해 긍정적인 변화를 이끌어 내는 방법을 연구합니다. 소비의 측면에서는 소비 행동이 우리의 감정과 연결되어 있다는 점에서 긍정 심리학과 공통점을 찾을 수 있습니다. 긍정적 소비는 우리의 행복을 증진시키는 방법 중 하나로 간주됩니다. 긍정적인 감정을 불러일으키는 제품이나 서비스를 소비하면, 이는 우리의 행복을 증진시키는 요소로 작용합니다.

제2항. 긍정적 소비의 실천 방안

가. 감사의 실천

긍정 심리학은 감사의 중요성을 강조합니다. 우리가 소비하는 모든 것에 감사의 마음을 가짐으로써, 단순한 소비가 아닌 의미 있는 경험을 창출할 수 있습니다. 음식을 즐길 때는 음식의 맛에 감사하고, 산책을 즐길 때는 자연의 아름다움에 감사하는 심리적인 태도를 갖는 것이 중요합니다.

나. 지속 가능한 소비

환경 보호의 중요성이 더욱 부각되면서 지속 가능한 소비가 강조되고 있습니다. 긍정적 소비의 일환으로 우리는 지속 가능한 제품을 선택하고, 환경을 고려한 소비 습관을 갖추는 것이 필요합니다. 이는 개인의 행복뿐만 아니라 지구 전체의 행복에 기여하는 긍정적인 행동입니다.

다. 자기 계발적 소비

자기 계발은 긍정 심리학에서 강조하는 핵심 가치 중 하나입니다. 우리는 책, 강의, 세미나 등을 통해 계속해서 학습하고 성장함으로써 내적인 만족과 행복을 찾을 수 있습니다. 이러한 자기 계발적 소비는 삶의 의미를 찾는 데 도움을 주며, 긍정적인 변화를 이끌어 낼 것입니다.

행복을 위한 소비의 미학을 실천하기 위해서는 행복학적 시각과 긍정 심리학을 조합하여 소비해야 합니다. 우리의 소비 선택이 우리의 삶을 더 풍요롭게 만들고, 긍정적인 영향을 미치도록 하려면 의미 있는 소비에 주의를 기울이고, 긍정 심리학의 원리를 적용하는 것이 필수적입니다. 각자가 행복을 추구하는 동안 우리는 소비를 통해 삶의 다양한 측면을 더 풍요롭게 만들 수 있을 것입니다. 소비의 미학은 결국 우리가 어떻게 소비하고 생각하느냐에 따라 우리의 행복과 만족도를 결정짓게 됩니다.

제2절. 소비학의 관점에서의 소비

삶의 여정에서 행복을 찾기 위해 우리는 지속적으로 다양한 경험을 쌓아 나갑니다. 그리고 이러한 여정에서 소비는 우리의 삶을 디자인하고, 행복의 레일을 깔아 가는 핵심적인 요소 중 하나입니다. 이번 절에서는 소비학의 시각에서 소비를 조망하며, 특히 소비 패턴의 문화적 변화가 어떻게 우리의 삶에 영향을 미치는지를 논하고자 합니다.

제1항. 소비 패턴의 변화 요인

가. 기술의 진보

기술의 발전은 현대 소비 패턴에 혁명적인 영향을 미쳤습니다. 특히 인터넷과 스마트폰의 보급은 소비 행동의 변화를 불러왔습니다. 소비자들은 이제 물건을 사고팔고, 정보를 얻고, 다양한 경험을 공유하는 등의 행위를 더욱 쉽게 할 수 있게 되었습니다. 이로써 소비는 더욱 다양화되고, 각 개인의 취향과 성향에 맞게 더욱 개인화되었습니다.

나. 지속 가능성과 윤리적 소비

최근 몇 년간 지속 가능성과 윤리적인 소비에 대한 관심이 증가하면서 소비 패턴은 크게 변화하고 있습니다. 더 많은 소비자들은 환경 보호 및 사회적 책임에 대한 의식을 높이고, 그에 부합하는 제품과 서비스에 대한 수요가 급증하고 있습니다. 이는 소비문화를 더욱 지속 가능하고 윤리적인 방향으로 이끌고 있습니다.

다. 경제 구조의 변화

경제 구조의 변화도 소비 패턴에 영향을 미치고 있습니다. 중산층의 증가와 디지털 경제의 성장은 소비 행동을 새로운 방향으로 이끌고 있습니다. 예전과는 다르게 경제적으로 안정된 많은 사람들이 더 나은 삶의 질을 추구하고, 그에 따라 소비 패턴이 다양하게 변화하고 있습니다.

제2항. 소비 패턴의 문화적 변화의 의미

가. 소비학의 맥락에서 소비의 의미

소비학은 소비 행동과 소비 패턴을 연구함으로써 우리가 물건을 선택하고 사용하는 과정을 탐구하는 학문 분야입니다. 이는 우리의 소비가 단순히 필수적인 욕구만을 충족시키는 행위를 넘어, 우리의 정체성, 가치관, 문화와 어떤 관련성을 가지는지를 이해하는 것을 목표로 합니다. 소비학의 시각은 우리가 살아가는 데에 있어 어떤 선택을 하는가에 대한 통찰력을 제공하며, 특히 최근의 소비 연구는 소비가 우리의 삶에 미치는 복잡한 영향을 더 심층적으로 다루고 있습니다.

나. 소비 패턴의 문화적 변화의 긍정적인 영향

이러한 소비 패턴의 문화적 변화는 우리의 삶에 긍정적인 영향을 끼치고 있습니다. 먼저, 기술의 진보는 소비자들에게 다양한 선택의 폭을 제공하며, 새로운 경험과 삶의 다양성을 확장시키고 있습니다. 지속 가능성과 윤리적 소비는 개인과 사회의 책임감을 함께 성장시키고, 더 나아가 환경 문제와 사회 문제에 대한 더 높은 인식을 이끌어 내고 있습니다. 경제 구조의 변화는 더 많은 사람들이 고급 소비를 즐길 수 있게 하고, 이는 문화적 다양성과 창의성을 촉진하며, 사회 전체의 경제적 발전에 기여하고 있습니다.

소비학의 시각에서 소비와 소비 패턴의 문화적 변화를 조망해 본 결과, 이러한 변화가 우리의 삶에 긍정적인 영향을 미치고 있음을 확인할 수 있습니다. 기술의 진보, 지속 가능성 및 윤리적 소비, 경제 구조의 변화는 소비자들에게 더 많은 선택과 기회를 제공하고, 이를 통해 다양한 경험과 삶의 풍요로움을 창출하고 있습니다. 이러한 긍정적인 소비 패턴의 형성은 우리가 미래의 100세 인생을 더욱 풍성하게 만들어 나갈 수 있도록 도움을 주고 있습니다. 결국, 소비는 물건을 소비하는 행위에 그치지 않고, 우리의 가치와 사회적 책임을 고려한 의미 있는 행동으로 성취되고 있습니다. 이러한 의미 있는 소비는 우리의 삶에 행복과 만족을 불러일으킬 것이며, 우리가 어떻게 소비하는지가 우리의 미래를 결정짓게 될 것입니다.

제3절. 경영학과 경제학 시각에서의 소비

인생의 여정에서 우리는 끊임없이 선택과 행동의 과정을 거치며, 그중에서도 소비는 우리의 삶에 미치는 영향이 크다고 할 수 있습니다. 이번 절에서는 경영학과 경제학의 시각을 통해 소비에 접근하여, 기업의 사회적 책임과 소비자의 선택이 어떻게 우리의 삶과 행복에 기여하는지를 탐구하고자 합니다.

제1항. 경영학과 경제학 시각에서의 소비의 본질

가. 기업의 책임

경영학에서 기업의 책임은 단순히 이윤을 추구하는 것을 넘어, 사회적, 환경적 책임을 고려하는 것으로 정의됩니다. 이는 기업이 제품과 서비스를 공급함에 있어 소비자와 사회에 대한 영향을 심층적으로 고려하고, 지속 가능한 발전을 위해 노력하는 것을 의미합니다. 기업의 사회적 책임은 제품의 품질뿐만 아니라, 윤리적인 생산 과정, 환경친화적 제품 개발, 노동 조건 등과 같은 다양한 측면을 아우르고 있습니다. 이러한 다양한 영역에서 책임을 다하는 기업은 소비자들에게 더 긍정적으로 평가되며, 이는 미래적인 경쟁력의 토대가 됩니다.

나. 소비자의 선택

경제학에서는 소비자의 선택이 시장 메커니즘을 통해 어떻게 가치를 형성하고 있는지를 중점적으로 다룹니다. 소비자들은 유한한 자원 안에서 다양한 제품과 서비스 중에서 선택해야 합니다. 이러한 선택은 소비자의 욕구, 가치관, 경제적 상황 등 다양한 영향을 받으며, 소비자의 합리적인 선택은 개인의 판단 결과입니다.

소비자의 선택은 기업에 직접적인 영향을 미치며, 그들의 선호와 가치에 부합하는 제품이나 서비스가 경제적 성공을 이끌어 냅니다. 또한, 소비자의 선택이 기업의 제품이나 서비스를 개선하도록 유도함으로써 기업은 지속적인 혁신과 품질 향상을 추구하게 됩니다.

제2항. 기업의 사회적 책임과 소비자의 합리적 선택

가. 지속 가능한 생산과 소비

기업이 사회적 책임을 다하는 한편, 지속 가능한 생산과 소비는 그 중요한 부분입니다. 생산과 소비가 지속 가능하게 이루어질 때, 자원의 효율적인 활용과 환경적 파괴의 최소화가 가능해집니다. 이는 소비자들에게 있어서 더욱 큰 가치가 되며, 지속 가능성을 중시하는 소비 행태가 증가하게 됩니다.

나. 윤리적인 생산과 소비

기업의 윤리적인 생산과 소비는 사회적 책임의 중요한 측면으로 간주됩니다. 소비자들은 무분별한 환경 파괴나 노동력 문제에 기여하고 싶지 않습니다. 이에 따라 윤리적으로 생산되고 유지되는 제품과 서비스에 대한 수요가 증가하고 있습니다. 기업은 이러한 윤리적인 가치에 부응하면서 소비자들의 긍정적 선택을 얻을 수 있습니다.

다. 소비자의 피드백과 기업의 적응

소비자의 선택은 또한 기업이 제공하는 제품이나 서비스의 품질과 만족도에 직접적으로 영향을 미칩니다. 소비자들은 자신의 경험을 기반으로 한 피드백을 통해 제품이나 서비스를 평가하며, 이는 기업이 지속적인 개선과 적응을 이끌어 내게 됩니다. 소비자의 피드백은 기업에게 소비자의 요구에 민감하게 대응하고, 더 나은 제품과 서비스를 제공하도록 유도합니다.

경영학과 경제학의 시각에서 소비와 그 영향을 살펴본 결과, 기업의 사회적 책임과 소비자의 합리적 선택이 서로 긍정적으로 연결되어 있음을 확인할 수 있습니다. 기업이 사회적 책임을 다하고, 지속 가능성과 윤리를 고려한 제품을 소비자에게 제공함으로써 양측은 상호 협력적인 관계를 형성하게 됩니다. 또한, 소비자의 합리적인 선택이 기업의 발전과 혁신을 이끌어 내며, 효과적인 시장 경쟁을 촉진합니다. 미래의 100세 인생에서는 기업과 소비자 간의 긍정적 상호 작용을 통해 더욱 물질적이고 정신적으로 풍요로운 삶을 살아갈 수 있을 것입니다. 소비자와 기업은 서로에게 도전과 기회를 제공하며, 이를 통해 지속 가능하고 긍정적인 사회적 변화를 이끌어 낼 것입니다. 소비와 기업의 책임은 우리의 삶을 더 나은 방향으로 이끄는 동력이며, 이는 결국 행복하고 풍요로운 100세 인생을 설계하는 데에 큰 역할을 할 것입니다.

제4절. 행복 중심의 소비 습관

인생의 짧은 여정에서 우리는 끊임없는 선택과 행동의 연속에 직면하고 있습니다. 이 선택들은 우리의 행복과 만족에 큰 영향을 미치며, 그중에서도 소비는 우리의 삶에 특히 중요한 역할을 합니다. 이번 절에서는 행복 중심의 소비 습관에 주목하여, 소비에 대한 긍정적인 마음가짐이 어떻게 우리의 삶을 더 풍요롭게 만들 수 있는지에 대해 살펴보고자 합니다.

제1항. 행복 중심의 소비 습관의 중요성

가. 소비와 행복의 연관성

우리의 삶에서 소비는 단순한 물질적인 만족을 넘어 행복과 직결되는 중요한 부분입니다. 그러나 많은 경우에 소비는 단기적인 쾌락이나 소유욕에 주도되곤 합니다. 이러한 소비 습관은 일시적인 만족을 가져다주지만 장기적인 행복에는 한계가 있습니다. 행복 중심의 소비 습관은 이러한 단기적인 쾌락이 아닌, 지속적인 행복을 추구하고자 하는 마음가짐을 의미합니다.

나. 소비에 대한 긍정적 마음가짐의 영향

행복 중심의 소비 습관은 소비 행위에 긍정적인 마음가짐을 더하는 것으로 시작됩니다. 이는 소비하는 물건이나 경험이 우리에게 어떤 의미 있는 가치를 제공하는지에 주목하고, 단순히 소유하는 물건의 양에 초점을 두는 것이 아닙니다. 긍정적인 마음가짐은 소비를 통해 삶에 더 많은 만족을 찾아내고, 결국 행복한 삶으로 이끄는 원동력이 됩니다.

다. 소비의 의미 부여

행복 중심의 소비 습관은 단순한 소비 행위를 의미 있는 경험으로 바꾸어 주는 능력이 있습니다. 우리는 소비를 통해 자신의 가치, 목표, 꿈을 실현할 수 있습니다. 예를 들어, 특별한 경험이나 교육적인 활동에 돈을 투자하는 것은 우리의 성장과 행복에 긍정적인 영향을 끼칩니다. 소비를 통해 우리의 삶에 의미를 부여하고 더 큰 목표를 향해 나아갈 수 있습니다.

라. 소비와 연결된 감사의 심리

긍정적인 마음가짐은 소비에 대한 감사의 심리를 불러일으킵니다. 우리는 소비를 통해 얻는 모든 경험과 물건에 감사하는 시선을 가질 수 있습니다. 이는 우리의 삶에 대한 긍정적인 에너지를 증폭시켜 주며, 더 나은 행복의 방향으로 인도합니다. 감사의 심리는 소비를 단순한 소비로서가 아니라 더 큰 만족과 풍요로움으로 경험하게 만들어 줍니다.

제2항. 행복 중심의 소비 습관의 형성과 유지 전략

가. 소비 선택의 의식적인 과정

행복 중심의 소비 습관을 형성하기 위해서는 소비 선택에 의식적으로 관여해야 합니다. 각 소비 행위가 우리의 행복에 어떤 영향을 미칠지를 고려하고, 단순한 소비에서 벗어나 소비의 깊은 의미를 찾아야 합니다. 의식적인 소비 선택은 삶의 목표와 가치에 부합하는 경험을 찾아내는 데 도움을 줍니다.

나. 소비에 대한 지속적인 학습과 성장

행복 중심의 소비 습관을 유지하기 위해서는 지속적인 학습과 성장이 필요합니다. 세상은 끊임없이 변화하고 발전하고 있으며, 우리의 가치와 욕구도 함께 변화합니다. 새로운 경험을 즐기고 새로운 지식을 습득함으로써 소비에 대한 새로운 시각을 얻을 수 있습니다. 소비를 통한 지속적인 성장은 우리의 행복을 더욱 깊게 만들어 줄 것입니다.

행복 중심의 소비 습관은 우리의 100세 인생을 보다 풍요롭게 만들기 위한 중요한 원칙 중 하나입니다. 소비는 우리의 일상에서 뗄 수 없는 부분이며, 그것이 우리의 행복과 만족에 어떤 영향을 미치는지를 의식적으로 이해하고 행동하는 것은 매우 중요합니다. 긍정적인 마음가짐을 가지고 소비를 통해 의미 있는 경험과 가치를 찾아내면, 우리는 더 행복하고 만족스러운 100세 인생을 설계할 수 있을 것입니다. 삶의 여정에서 소비는 단순한 행위가 아닌, 풍요로운 의미를 가진 여정의 한 부분으로 여겨져야 합니다.

제5절. 소비 습관 변화와 스마트 소비의 미학

우리의 삶은 끊임없는 변화의 흐름 안에서 새로운 도전과 기회를 맞이하고 있습니다. 특히 소비의 영역에서 이러한 동향은 더욱 선명하게 나타나고 있습니다. 이번 절에서는 소비 습관의 현대적인 양상, 그중에서도 특히 스마트 소비의 미학에 주목하여, 행복학적 소비심리의 발전과 스마트 소비가 어떻게 우리의 삶에 긍정적인 영향을 끼치고 있는지에 대해 논하고자 합니다.

제1항. 소비 습관의 현대적 변화와 행복학적 소비

가. 빠르게 변화하는 소비 환경

우리의 삶은 현대 사회의 급격한 발전과 함께 빠르게 변화하고 있습니다. 특히 디지털 기술의 진보와 문화의 다양성은 소비의 패턴을 혁신하고, 소비자들의 요구에 맞춘 새로운 트렌드를 촉발하고 있습니다. 이에 따라 소비 환경은 기존의 틀을 넘어선 새로운 지형으로 전환되고 있습니다.

나. 지속 가능성과 윤리적 소비의 부상

환경 문제와 윤리적인 가치에 대한 관심이 높아짐에 따라, 소비자들은 소비 행위에 대해 더 심층적으로 생각하고 있습니다. 지속 가능성을 고려한 제품과 윤리적인 브랜드에 대한 수요가 크게 증가하고 있으며, 이는 소비 습관의 패러다임이 단순한 소유에서 더 나아가 인류와 환경에 긍정적인 영향을 미치는 방향으로 변화하고 있음을 시사합니다.

다. 자기 계발과 경험 중심의 소비

행복학적 소비 심리는 더 나은 자기 자신을 위한 소비에 주목합니다. 개인의 성장과 발전을 위해 투자하는 소비가 중요시되고 있습니다. 더불어, 경험 중심의 소비가 강조되고 있어 단순한 물건 소유보다는 다양한 경험을 통해 더 풍요로운 인생을 만들기를 추구합니다. 이는 소비가 단순한 소비로 그치지 않고, 개인의 발전과 행복에 기여하는 수단으로 인식되고 있다는 점을 보여 줍니다.

제2항. 스마트 소비 행복학의 역동

가. 기술과 소비의 융합

스마트 소비 행복학은 기술과 소비의 융합을 강조합니다. 디지털 기술의 발전은 소비자에게 더 많은 정보와 선택의 기회를 제공하고 있습니다. 스마트 기기와 플랫폼을 활용한 소비는 사용자에게 맞춤형 추천을 제공하며, 소비자의 편의와 만족을 극대화합니다. 이는 소비가 더 지능적이고 효율적으로 이루어질 수 있도록 돕는 효과적인 수단으로 작용하고 있습니다.

나. 데이터와 피드백의 상호 작용

스마트 소비 행복학은 데이터와 피드백을 적극적으로 활용합니다. 소비자의 행동과 선호도를 분석하여 맞춤형 추천을 제공하고, 실시간으로 피드백을 수집하여 제품과 서비스의 품질을 향상시키는 방향으로 나아가고 있습니다. 이는 소비자가 보다 적극적이고 효과적으로 소비 결정을 내릴 수 있게 도와주는 것뿐만 아니라, 기업이 소비자의 요구에 신속하게 대응할 수 있는 환경을 조성하고 있습니다.

　소비의 미학은 우리의 삶과 행복에 큰 영향을 미치고 있습니다. 소비 습관의 현대적인 변화와 스마트 소비 행복학은 이러한 영향을 형성하는 주요한 원인 중 하나로 부상하고 있습니다. 지속적으로 발전하는 소비 환경에서는 행복학적 소비 심리를 통한 의미 있는 소비가 더욱 중요해지고 있습니다. 또한, 스마트 소비 행복학은 기술의 진보를 통해 소비의 효율성과 편의성을 높여 소비자와 기업 간의 상호 작용을 혁신하고 있습니다. 이러한 추세는 더 나은 미래의 100세 인생을 설계하기 위한 중요한 지표로 작용할 것이며, 소비자와 기업은 이러한 변화에 적극적으로 대응하여 함께 더 풍요로운 미래를 만들어 나갈 것입니다.

제6절. 스마트 소비 습관과 행복의 지속 가능성

미래에 걸친 행복을 추구하는 데 있어서 우리의 소비 습관은 결정적인 역할을 합니다. 이번 절에서는 스마트 소비 습관이 어떻게 행복과 지속 가능성을 동시에 추구하는 데 도움을 주는지, 그리고 이를 일상에서 실천 가능한 습관으로 어떻게 발전시킬 수 있는지를 살펴보고자 합니다.

제1항. 실천 가능한 스마트 소비 습관

가. 선택의 깊이

스마트 소비는 결코 가볍지 않습니다. 간단한 소비 행위로 끝나지 않고, 우리의 선택이 어떻게 우리의 삶에 깊은 영향을 미치는지를 심도 있게 고민하고 이해하는 것이 필요합니다. 자원이 제한적인 현대 세계에서, 스마트 소비는 우리의 선택이 미래에 어떤 영향을 미칠지를 예측하고 고려하는 데 있어서 깊은 지혜를 요구합니다.

나. 지속 가능성과 윤리적 책임

스마트 소비는 단순한 소비 행위를 넘어 지속 가능성과 윤리적 측면에서도 고려됩니다. 환경 문제와 윤리적인 가치에 대한 관심이 높아지면서, 소비자들은 자신의 선택이 지구에 미치는 영향을 고려하고 윤리적으로 책임 있는 소비를 지향하고 있습니다. 스마트 소비는 지속 가능한 미래를 위해 환경과 사회적 책임을 고려한 선택을 반영해야 합니다.

다. 예산 관리와 우선순위 설정

스마트 소비의 첫걸음은 예산 관리와 우선순위 설정에 있습니다. 우리의 자원은 한정되어 있기 때문에, 지출을 효율적으로 관리하고 우선적으로 필요한 것에 투자하는 것이 중요합니다. 일상 소비에서부터 큰 구매까지, 스마트한 예산 편성은 행복을 지속 가능하게 만듭니다.

라. 미덕적인 소비 습관

스마트 소비는 미덕적인 소비 습관을 키우는 것에서 비롯됩니다. 자제력, 근면, 검소 등의 미덕은 소비 판단에 영향을 미치며, 이는 행복의 근간이 됩니다. 미덕적 소비 습관을 실천하면 소비자 스스로가 미덕을 기리고 강화하는 것은 스마트 소비 습관을 정립하고 행복을 지속 가능하게 하는 데 기여합니다.

제2항. 스마트 소비와 지속 가능성

가. 소비의 연결고리

스마트 소비는 우리를 다양한 사회적 연결고리와 연결시킵니다. 지속 가능성을 고려한 제품을 선호하거나 지역 사회 기업을 지원함으로써, 우리는 소비를 통해 다양한 사회적 가치에 기여합니다. 이는 우리의 행복뿐만 아니라 지역 사회와 세계적인 사회에 긍정적인 영향을 끼칠 것입니다.

나. 소비자의 권리와 의무

스마트 소비는 소비자의 권리뿐만 아니라 의무도 강조합니다. 소비자는 제품이나 서비스를 선택함으로써 해당 기업의 가치와 윤리적 책임을 고려해야 합니다. 이는 소비자가 더 많은 권리를 가질 때 더 큰 책임을 지는 것으로 이해되어야 합니다.

스마트 소비 습관은 우리의 삶을 더욱 풍요롭게 만들어 주는 미학적인 지평을 열어 줍니다. 선택의 깊이, 지속 가능성과 윤리적 고려, 예산 관리 및 우선순위 설정, 미덕적 소비 습관 등은 스마트 소비의 핵심 원칙이자 우리의 행복을 지속 가능하게 만드는 지표입니다. 이러한 스마트 소비 습관은 사회적으로 연결되어 다양한 가치를 형성하고 세상을 더 나은 곳으로 만드는 역할을 합니다. 미래의 100세 인생을 향한 여정에서는 이러한 스마트 소비 습관을 실천함으로써, 우리는 지속 가능한 행복을 찾아가고 미래의 삶을 더욱 풍요롭게 만들어 나갈 것입니다.

에필로그

이 여정의 마지막 장을 함께하게 되어 감사합니다. 《유비쿼터스 100세 인생 행복학》을 통해 우리는 함께 삶의 미학을 음미하며, 100세의 인생을 더 의미 있는 여정으로 만들어 가려는 순수한 열망을 나누었습니다. 이제 여러분은 여정을 마치고 책을 닫고 계시겠지만, 우리는 그 이야기가 계속 이어져 나갈 것임을 믿습니다. 이 여정 동안, 우리는 어떻게 하면 삶을 더욱 풍성하게, 행복하게 만들 수 있는지에 대해 고민하였습니다. 여러 시각에서의 통찰과 이해, 마치 향기로 가득 찬 정원 속에서 꽃들이 서로 어우러져 더 아름다워지는 듯한 경험을 나누었습니다. 이 책이 여러분의 삶에 조금이나마 향기를 불어넣어 주었다면, 그것만으로도 큰 성공이라고 생각합니다. 우리가 이 책 속에서 함께 웃고, 함께 고민하며, 서로에게 영감을 주었던 그 순간들이, 미래의 여러분에게도 희망과 기쁨의 물결을 일으킬 것임을 믿습니다.

《유비쿼터스 100세 인생 행복학》을 통해 우리는 삶의 꽃을 향기롭게 피울 수 있는 비결을 찾아갔습니다. 행복은 때로는 큰 미소로, 때로는 작은 일상의 희로애락에서 찾아진다는 것을 깨달았습니다. 100세의 인생에서 우리는 행복의 미학을 익히고, 우아하고 은은한 향기로 가득 찬 삶을 즐길 준비가 되어 있습니다. 이제 여러분은 행복의 씨앗을 심어 놓은 채로 여정을 마무리하게 되었습니다. 이 씨앗은 여러분이 이 책을 통해 발견한 지혜와 깨달음으로 가득 차 있습니다. 이제 여러분은 그 씨앗을 더 크게 키워 가고, 향기롭게 피우는 과정에서 더 깊은 행복을 발견하게 될 것입니다. 이제 여러분은 자신만의 행복의 음악을 연주할 준비가 되어 있습니다. 그 음악은 여러분의 삶을 아름답게 장식하고, 주변의 이웃들에게도 행복의 노래를 전하게 될 것입니다. 여러분의 향기로운 인생에서, 행복의 노래가 끝나지 않길 기대합니다. 여러분의 삶이 항상 향기롭고 행복으로 가득하길 기원합니다.

마지막으로, 이 책을 쓰는 과정에서 저자는 OpenAI의 ChatGPT 3.5와의 협업을 통해 더 좋은 자연어 생성을 위한 기술적 지원을 받았음을 밝히고자 합니다. ChatGPT 3.5의 기술적 지원을 통해 저자는 콘텐츠를 더욱 더 풍부하게 구성하고, 복잡한 주제를 깊이 있게 다룰 수 있었습니다. 그러나 ChatGPT 기술은 인간 작가의 창작 활동을 보완하는 도구로 활용되었을 뿐이며, 작가의 좋은 글쓰기를 위한 비전과 통찰력, 그리고 선한 영향력을 전달하고자 하는 작가의 노력의 창작물임을 강조합니다. 감사합니다.

유비쿼터스 100세 인생 행복학

ⓒ 이정완, 2024

초판 1쇄 발행 2024년 4월 19일

지은이   이정완
펴낸이   이기봉
편집   좋은땅 편집팀
펴낸곳   도서출판 좋은땅
주소   서울특별시 마포구 양화로12길 26 지월드빌딩 (서교동 395-7)
전화   02)374-8616~7
팩스   02)374-8614
이메일   gworldbook@naver.com
홈페이지   www.g-world.co.kr

ISBN   979-11-388-3002-7 (03190)